Rainer Dresen

Mein Recht im Internet

GOLDMANN
Lesen erleben

Buch

Ob mit Smartphone, dem Tablet oder am Computer: Täglich gehen wir ins Internet und bestellen, abonnieren und schreiben, was uns gefällt. Dabei bemerken wir oft gar nicht, dass das Netz kein rechtsfreier Raum ist, sondern auch hier konkrete Regeln und Gesetze gelten. Meist wird dies einem erst klar, wenn ein Problem auftaucht: Betrugsversuche, Abofallen, Datenmissbrauch. Dabei gilt auch hier: Wer seine Rechte kennt, ist klar im Vorteil.

Autor

Rainer Dresen ist Rechtsanwalt, Verlagsjustiziar, Fachautor und Dozent für viele Rechtsthemen rund ums Buch. Als Kolumnist eines Branchenmagazins schreibt er über Interessantes und Kurioses aus der Verlagsszene.

Rainer Dresen
mit Maria Maué

Mein Recht im Internet

Sicher surfen, shoppen, posten, downloaden und vieles mehr

GOLDMANN

Alle Ratschläge in diesem Buch wurden vom Autor und vom Verlag sorgfältig erwogen und geprüft. Eine Garantie kann dennoch nicht übernommen werden. Eine Haftung des Autors beziehungsweise des Verlags und seiner Beauftragten für Personen-, Sach- und Vermögensschäden ist daher ausgeschlossen.

Sollte diese Publikation Links auf Webseiten Dritter enthalten, so übernehmen wir für deren Inhalte keine Haftung, da wir uns diese nicht zu eigen machen, sondern lediglich auf deren Stand zum Zeitpunkt der Erstveröffentlichung verweisen. Alle Links wurden zuletzt aufgerufen am 31.12.2017.

MIX
Papier aus verantwortungsvollen Quellen
FSC® C014496

Verlagsgruppe Random House FSC® N001967

Dieses Buch ist auch als E-Book erhältlich.

1. Auflage
Originalausgabe Mai 2018

Neumarkter Str. 28, 81673 München
Umschlag: Uno Werbeagentur, München
Umschlagmotiv: GettyImages/Cultura/Tiina & Geir
Redaktion: Hendrik Heisterberg
Satz: Uhl + Massopust, Aalen
Druck und Bindung: GGP Media GmbH, Pößneck
Printed in Germany
JE · Herstellung: IH
ISBN 978-3-442-17671-7
www.goldmann-verlag.de

Besuchen Sie den Goldmann Verlag im Netz:

Für Andrea, Ricarda und Tim

INHALTSVERZEICHNIS

KAPITEL 1
PERSÖNLICHKEITSRECHTE UND DATENSCHUTZ 9

Fotos von der Party – Persönlichkeitsrechte im Netz 11

Meine Daten gehören mir – Datenschutz in sozialen Netzwerken 21

Datenschutz für alle, überall 29

Bewertungsportale – Ärzte, Lehrer, Hotels 44

Spielen im öffentlichen Raum am Beispiel Pokémon Go 59

Umgang mit »Hate Speech« – Account-Sperren in sozialen Netzwerken 69

KAPITEL 2
URHEBERRECHTE UND MARKENRECHTE 89

Fremde Texte in eigenen Beiträgen 91

Mein Tweet gehört mir – Rechtsqualität von Twitter-Beiträgen 99

Erlaubte Verwendung fremder Texte, Videos, Songs und Grafiken – Creative-Commons-Lizenzen 105

Fremde Inhalte und die Gestaltung einer eigenen Homepage 112

KAPITEL 3
VERTRÄGE ONLINE ABSCHLIESSEN 119

Widerrufsrechte beim Powershopping 121

Vorsicht vor Abofallen 131

Das gefährliche Leben der eBay-Schnäppchenjäger 141

Was Minderjährige im Internet dürfen 150

Auf Nummer sicher mit Secure Payment/PayPal 158

KAPITEL 4
DIVERSE RECHTSFRAGEN 165

Drohnenflüge vor Gericht 167

Streaming und Download von Filmen und Songs 177

Unerwünschte Post vom Anwalt 187

Wer für mein WLAN haftet 195

Der neue Traumjob: Influencer 202

Was man bei Cybermobbing tun kann 210

Register 219

KAPITEL 1

PERSÖNLICHKEITSRECHTE UND DATENSCHUTZ

§

FOTOS VON DER PARTY – PERSÖNLICHKEITSRECHTE IM NETZ

I. Einführung

Fotos lassen sich im Internetzeitalter schneller verbreiten als je zuvor. Kaum sehen wir etwas vermeintlich Lustiges oder Interessantes, zücken wir das Smartphone und teilen den Schnappschuss sofort mit echten oder auch nur virtuellen Freunden bei Facebook oder Instagram. Einmal gepostet, ist die Aufnahme dann in der Welt – für alle Ewigkeit, denn das Internet vergisst bekanntlich nicht.

Immerhin ist Schadensbegrenzung möglich: Sind Sie selbst zum Motiv geworden und mit der Veröffentlichung Ihres Fotos nicht einverstanden, können Sie sich auf Ihr Persönlichkeitsrecht berufen und sich auf diese Weise gegen die unliebsame Veröffentlichung wehren.

II. Fall

Es ist eine dieser Partys am Samstagabend. Eigentlich hatten Sie sich vorher fest vorgenommen, nicht allzu lange zu feiern, um am nächsten Tag bei Tante Elfriedes 75. Geburtstag halbwegs präsentabel auszusehen und nicht völlig aus der Rolle zu fallen. Doch das Bier schmeckt am Samstag viel besser als unter der Woche, und die U-Bahn nach Hause fährt zum Glück auch noch morgens um halb sechs. Am Sonntagvormittag weckt Sie der Kopfschmerz mittelsanft, und Ihr Blick fällt auf das wild blinkende Smartphone: »Du wurdest bei Facebook auf 36 Bildern verlinkt.«

Oh, Gott. Das Pochen in Ihrem Kopf wird stärker. Sie checken Ihre Timeline und erkennen sich dort selbst auf diversen Fotos. Verschwitzt sehen Sie aus, mit einem Lippenstiftherz auf der Wange, in bierseliger Umarmung mit zwei flüchtigen Bekannten. Sie erschrecken. Ihr Finger zittert beim Weiterblättern über dem Display. Und es wird nicht besser. Im Gegenteil. Sekunden später haben Sie nur noch einen Gedanken: Diese Bilder darf niemals jemand zu Gesicht bekommen! Denn sie sind definitiv keine Bereicherung für das gleich stattfindende Familienfest. Was soll die Verwandtschaft denken? Oder womöglich der Chef, dessen Freundschaftsanfrage Sie in einem unbedachten Moment angenommen haben? Die Bilder müssen weg! Bloß wie?

III. Rechtliche Grundlagen

Hier ist das allgemeine Persönlichkeitsrecht betroffen, ein Grundrecht, das dem Schutz vor Eingriffen in den höchstpersönlichen Lebens- und Freiheitsbereich dient. Eine besondere Ausprägung des allgemeinen Persönlichkeitsrechts ist das Recht am eigenen Bild: Grundsätzlich dürfen Sie selbst darüber bestimmen, ob ein Bild überhaupt veröffentlicht wird und in welchem Zusammenhang – und zwar auch, wenn Sie inmitten von 20 Personen mit erhobenen Biergläsern der Einzige sind, der dieses Bild nicht im Internet sehen möchte. Sollten Sie der Veröffentlichung noch an Ort und Stelle zugestimmt haben, dann ist diese Zustimmung nur in dem Fall wirksam, dass Sie sich zu jenem Zeitpunkt auch noch im geschäftsfähigen Zustand befanden.

Der Schutz vor unliebsamen Veröffentlichungen gilt uneingeschränkt für Personen, die nicht als Personen der Zeitgeschichte wie Rockstars, Filmschauspieler oder Profi-Fußballer im öffentlichen Leben stehen, also für Menschen wie Sie und ich. Deshalb müssen Sie es, anders als »Promis«, nicht einfach hinnehmen, wenn ohne Ihre Zustimmung Bilder von Ihnen geschossen und veröffentlicht werden – sei es in einem Buch, in einer Zeitschrift oder in der Zeitung oder digital im Internet. Sie können verlangen, dass eine solche Handlung unterlassen wird, wenn sie Ihre rechtlich geschützten Interessen beeinträchtigt.

Dabei ist unerheblich, ob die betreffende Website der gesamten Öffentlichkeit zugänglich ist oder nur einem bestimmten halb-öffentlichen Freundeskreis wie beispielsweise auf einer Facebook-Seite.

Ein Anspruch auf Unterlassung unerlaubter Veröffentlichungen besteht gegen »Störer«. So nennt der Jurist den unhöflichen Menschen, der nicht bewusst böswillig – also vorsätzlich und damit rechtlich gesehen als »Täter« –, sondern bloß gedankenlos die Partyfotos postete, ohne Sie zuvor um Erlaubnis zu fragen, und ohne an Ihr Ansehen in der Verwandtschaft oder im sozialen Umfeld zu denken.

Schert sich Ihr Bekannter dann aber auch nicht um Ihre verzweifelten »Lösch-das-bitte«-Messages, können Sie auch gegenüber dem Plattformbetreiber selbst den Unterlassungsanspruch geltend machen. Denn er ist es, der durch die technische Dienstleistung des »Zurverfügungstellens« die Fotoveröffentlichung erst ermöglicht. Deshalb ist er somit ebenfalls »Störer« im Rechtssinne, da er zumindest dazu beiträgt, eine Rechtsverletzung herbeizuführen. Die sozialen Netzwerke haben eigens für diesen Zweck »Lösch-Beantragungs-Tools« eingerichtet.

Allerdings gibt es auch Fälle, in denen Sie keinen Anspruch auf Unterlassung haben und Sie sich deshalb eine unerwünschte Veröffentlichung gefallen lassen müssen. Zum einen, wenn Sie eigenverantwortlich und bewusst in einem öffentlichen Rahmen, etwa bei einer Konzertveranstaltung oder im Fernsehen, aufgetreten sind und in diesem Zusammenhang fotografiert wurden. Hinweise auf eventuell erfolgende Film- Und Fotoaufnahmen finden Sie als Darsteller in Ihren Auftrittsvereinbarungen, als Zuschauer im »Kleingedruckten« auf Ihrer Eintrittskarte. Oft steht dann dort:

Diese Veranstaltung wird in Bild und Ton aufgezeichnet.
Mit Ihrer Teilnahme stimmen Sie ausdrücklich der
kommerziellen und nicht-kommerziellen Verwendung zu.

Eine weitere Ausnahme von der generellen Zustimmungspflicht besteht auch dann, wenn Sie aus Sicht des typischen Betrachters bei einer Aufnahme nur als unwesentliches »Beiwerk« erscheinen, gleichsam an den Rand gedrückt werden von etwa einer optisch dominierenden Landschaft wie den bayerischen Bergen oder vor einem beliebten Fotomotiv wie dem Kölner Dom.

Zum anderen kann man zustimmungsfrei Fotos von Ihnen veröffentlichen, wenn es sich um Bilder von Versammlungen, Umzügen und ähnlichen Vorgängen handelt, an denen Sie teilgenommen haben, zum Beispiel Konzerten oder Sportveranstaltungen.

Und schließlich gilt die Ausnahme für Bilder, deren Veröffentlichung einem höheren Interesse der Kunst dient. Dies betrifft Fotos, die etwa bei spontanen Kunstevents entstehen, bei denen Sie absichtlich oder zufällig zugegen waren.

Zu Ihrer Beruhigung: Eine Privatparty fällt typischerweise nicht unter diese Ausnahmen, sofern es sich dabei nicht um ein besonders kreatives Happening handelt. Hier dürfen Sie also stets auf einer Löschung der dabei entstandenen Fotos bestehen.

Ihre Ansprüche gegen den Fotografen können sogar noch weiter gehen: Haben Sie auf der Party gewisse Ausfallerscheinungen oder sonstige Auffälligkeiten gezeigt und wurden gerade deshalb fotografiert, so wird durch eine Veröffentlichung des Fotos möglicherweise besonders schwerwiegend in Ihr Recht am eigenen Bild eingegriffen. So kann Ihnen neben einem Anspruch auf Unterlassung der Veröffentlichung (also auf Löschung) auch ein Recht auf Schmerzensgeld zustehen. Das ist übrigens der eher volkstümliche Begriff. Im Juristendeutsch heißt das »Entschädigung in Geld für einen immateriellen Schaden« – so oder so: im Falle der Zahlung durch den indiskreten Fotografen eine kleine Genugtuung für Sie. Wenn nun schon Ihre Verwandtschaft nicht mehr ganz so gut auf Sie zu sprechen ist, können Sie von dem Geld erst einmal in den Urlaub fahren und etwas Gras über die Sache wachsen lassen.

Darüber hinaus ist die Geldentschädigung auch als Präventionsmaßnahme zulasten des Verursachers gedacht: Damit der Übeltäter nicht zum Wiederholungstäter wird, soll ihm die Zahlung klarmachen, dass man nicht einfach ungefragt fremde Personen fotografieren und die Fotos öffentlich posten kann.

Dazu muss die Beeinträchtigung Ihrer rechtlich geschützten Interessen allerdings nicht nur rechtswidrig, sondern auch schuldhaft begangen worden sein, das heißt: Der so genannte »Rechtsverletzer« muss vorsätzlich oder zumindest (damit die Juristen einen hierfür nötigen schwerwiegenden Eingriff annehmen) grob fahrlässig gehandelt haben.

In unserem Beispiel wurde vom Fotografen die gebotene Sorgfalt in besonders grober Art und Weise außer Acht gelassen. Es musste ihm bei der auch auf Partyaufnahmen gebotenen Abwägung klar sein, dass er mit der unbefugten Aufnahme und deren Veröffentlichung Ihre Interessen schwer verletzt hat, und zwar auf eine Weise, die sich nicht mehr so leicht rückgängig machen lässt. Es musste ihm ebenso bewusst sein, dass Ihnen diese Fotoveröffentlichung beruflich und privat schaden kann.

Ob Sie aber neben dem Anspruch auf Löschung auch ein Schmerzensgeld erhalten, hängt davon ab, wie viele andere von Ihren kompromittierenden Bildern sehen konnten und wie konkret die Veröffentlichung Ihnen geschadet hat, insbesondere im beruflichen Umfeld. Gerichte sind üblicherweise eher zurückhaltend mit der Zuerkennung von Schmerzensgeld, und wenn eines zugesprochen wird, dann in eher bescheidenem Rahmen. Im geschilderten Fall wäre vielleicht ein Betrag zwischen 500 und 1000 Euro möglich.

Noch stärker wird in das Persönlichkeitsrecht des ungewollt Fotografierten eingegriffen, wenn sein Bildnis kommerziell genutzt wird und ein anderer damit Geld verdient. Eine solche Kommerzialisierung muss sich ohne Erlaubnis natürlich niemand gefallen lassen.

Aber bevor Sie an eine sofortige Unterlassung und Löschung denken: Möglicherweise können Sie ja finanziell sogar profitieren. War da auf besagter Party nicht dieser eine ganz besondere Moment? Haben Sie nicht in Ihrem neuen goldglitzernden Cocktailkleid dem Fotografen anmutig und zugleich keck in die Kamera gelächelt? Sollte dieses Foto einen Monat später im Format 30 x 10 Meter als neueste Kosmetikwerbung am Potsdamer Platz in Berlin hängen, dann haben Sie den Anspruch, so behandelt zu werden, als wären Sie ein professionelles Model.

Sollte dieser Ausnahmefall tatsächlich eintreten, dann können Sie exakt den Geldbetrag verlangen, den Sie erhalten hätten, wenn Sie gefragt worden wären, ob Sie als Model dienen wollen. Dieser Anspruch nennt sich »fiktive Lizenzgebühr«. Deren Höhe bemisst sich daran, was der Fotograf Ihnen vernünftigerweise hätte zahlen müssen, wenn Sie beide einen Lizenzvertrag über die werbliche Nutzung abgeschlossen hätten (was Sie ja nicht getan haben, deshalb »fiktiv«). Dabei sind sämtliche Umstände des Einzelfalls miteinzubeziehen, also insbesondere die Reichweite der Werbung, die Intensität des Eingriffs in Ihre Persönlichkeit sowie möglicherweise werberelevante Besonderheiten Ihrer Person, etwa Ihre Attraktivität oder einschlägige Vorerfahrungen. Sollten Sie gar bereits einen bestimmten »Marktwert« als Model haben, können Sie sich darauf als Vergleichsmaßstab beziehen.

IV. Checkliste

✓ Vermeiden Sie generell Partys mit Alkoholausschank.

✓ Lässt sich das nicht immer einrichten, dann versuchen Sie zumindest, auf solchen Partys nicht ohne Zustimmung fotografiert zu werden.

Wenn es nun doch passiert ist und ein unerwünschtes Foto veröffentlicht wurde:

✓ Fordern Sie denjenigen, der das Foto ohne Ihre Zustimmung aufgenommen und veröffentlicht (bzw. hochgeladen) hat, auf, das betreffende Foto zu löschen, notfalls unter Berufung auf Ihr »Recht am eigenen Bild«.

✓ Nutzen Sie die entsprechenden Tools der Plattformen, um das Foto löschen zu lassen, so etwa auf Facebook (siehe nachfolgend in der Checkliste) oder auf Instagram:

1. Gehen Sie in den Instagram-Hilfebereich.
2. Klicken Sie auf »Ein Problem melden«
3. Wählen Sie dort »Inhalte melden« und präzisieren das Problem, so etwa »Geistiges Eigentum« oder »Einsehbarkeit persönlicher Daten«.
4. Dort können Sie auf entsprechende Melde-Formulare klicken und diese ausfüllen und an Instagram senden.
5. Oder klicken Sie direkt auf das betreffende fremde Foto und melden es als »unangemessen«.

✓ Bei besonders schwerwiegender Verletzung Ihres Persönlichkeitsrechts erheben Sie Anspruch auf Schmerzensgeld.

✓ Bei kommerzieller Fotonutzung erheben Sie Anspruch auf Schadensersatz.

V. Nützliche Links und Paragraphen

- Facebook-Lösch-Tool für fremde Fotos: https://de-de.facebook.com/help/196434507090362?helpref=faq_content
- Art. 1 Abs. 1 GG i.V.m. Art. 2 Abs. 1 GG (Persönlichkeitsrecht)
- §§ 22, 23 KUG (Zulässigkeit der Veröffentlichung von Bildnissen)
- § 1004 BGB (Unterlassung)
- §§ 823 Abs. 2, 253 Abs. 2 BGB (Schmerzensgeld)
- §§ 812 Abs. 1 Alt. 2, 818 Abs. 2 BGB (Wertersatz)

MEINE DATEN GEHÖREN MIR – DATENSCHUTZ IN SOZIALEN NETZWERKEN

I. Einführung

Die Bedeutung des Datenschutzes wächst in gleichem Maße, wie wir bereit sind, online immer mehr private und privateste Informationen von uns preiszugeben. Die meisten Internetnutzer sind mittlerweile sensibilisiert und erklären sich nicht mehr leichtfertig damit einverstanden, dass ihre personenbezogenen Daten unbegrenzt und uneingeschränkt verarbeitet werden. Immer mehr gesetzliche Schutzvorschriften begrenzen die Möglichkeiten der Unternehmen, Daten zu sammeln. Dies bekam Ende 2015 auch Facebook zu spüren.

II. Fall

Facebook und andere soziale Netzwerke machen einiges möglich: Zum Beispiel können Sie dort sämtliche Aktivitäten Ihrer Freunde und Bekannten über Jahre mitverfolgen, etwa den Wandel Ihres besten Kumpels vom verhaltensauffälligen Junggesellen auf Mallorca hin zum fürsorglichen Familienvater im Bayerischen Wald. Wenn Sie die sozialen Netzwerke fleißig füttern, erfährt Ihr persönliches Umfeld alles, was Sie bewusst oder auch nur unbewusst von sich offenbaren. Datenpreisgabe erfolgt eigentlich immer, wenn wir online sind.

Aber haben Sie sich nie gefragt, wozu es führen kann, wenn nahezu jeder Moment per Foto festgehalten und verbreitet wird, scheint er auch noch so privat zu sein? Das Ergebnis ist eine in der Menschheitsgeschichte nie gekannte Foto- und Informationsinflation, von der zwei Empfängerkreise profitieren: zum einen direkt Ihre Freunde und Bekannten, zum anderen aber auch indirekt die als Medium verwendeten sozialen Netzwerke wie Facebook, Twitter, Instagram und so weiter, die geradezu danach gieren, Informationen jeder Art in Form von Postings, Likes oder Fotos zu erhalten, um sie dann für eigene oder fremde Zwecke zu nutzen.

Hinter diesen Plattformen stehen internationale, milliardenschwere Unternehmen. Dort arbeiten Marketingexperten, die pausenlos darüber nachdenken, wie sie all die unablässig fließenden Datenströme, die sie von Ihnen und uns allen erhalten, bestmöglich kommerzialisieren können. Da die Teilnahme an den Netzwerken für die User bekanntlich kostenlos ist, müssen die Betreibergesellschaften mangels Nutzungsgebühren andere Erlösquellen nutzen. Wer erfolgreich ein soziales Netzwerk etablieren und betreiben will, muss auch und vor allem die Fähigkeit haben, zahlende Industriekunden zu finden, denen er die Nutzungsbefugnisse an Ihren personalisierten Daten verkaufen kann. Letztlich ist es also das Geschick, aus Ihren und unseren Userdaten möglichst viel Profit zu machen, das den (Börsen-)Wert eines sozialen Netzwerks und damit letztlich auch die Gehälter der deshalb stets findigen Unternehmensmanager steigert.

Sie sind im Netz längst als überzeugter Radfahrer und Auto-Verweigerer bekannt? Dann wundern Sie sich nicht, dass Ihnen niemand mehr Werbung für Geländewagen zusendet. Stattdessen überschwemmt man Sie mit erstaunlich personalisierten Kaufempfehlungen, die tatsächlich sehr häufig Ihren Vorlieben und Ihren Neigungen entsprechen, wie zum Beispiel Werbung von Fahrradherstellern oder der Deutschen Bahn. Teilweise aber treibt »das System« aus Ihrer Sicht auch merkwürdige Blüten, wenn Sie zum Beispiel als zwar nicht mehr ganz junger, aber zumindest laut Ihrer Selbstwahrnehmung durchaus noch aktiver und vitaler Mensch in den besten Jahren feststellen, dass Sie bereits als Zieladressat für Hörgeräte- und Rollatorenwerbung identifiziert wurden. Und wer weiß, vielleicht wird ja die heute noch lässig abgetane Werbebotschaft schon morgen zu einer subtilen Kaufempfehlung, der Sie bereitwillig nachgeben.

Falls Sie sich aber wundern, wie denn der Fahrradfabrikant Ihre Leidenschaft so eindeutig mitbekommen hat, dann sollten Sie sich vielleicht einmal Ihre Postings bei Facebook, Twitter, Instagram und Co. anschauen. Nicht nur, dass Sie vielleicht ganze Fotogalerien von Ihrer Weltreise mit dem Fahrrad auf Facebook gepostet haben – Sie veröffentlichen auch regelmäßig ein Bild von Ihrem Sonntags-Fahrradausflug bei Instagram, während vielleicht die Empfänger der Geländewagenwerbung eher bei der samstäglichen Autowäsche oder im Showroom des nächstgelegenen SUV-Händlers posieren. Doch wie der möglicherweise sogar in den USA ansässige Fahrradhersteller von Ihren Fotos erfahren konnte, erklärt das noch nicht.

Woran denken Sie, wenn Sie den Begriff »Safe Harbor« hören? Leider folgt an dieser Stelle keine romantische Seefahrer- und Piratengeschichte. Vielmehr kommt die europäische Politik ins Spiel. Im Jahr 2000 traf die Europäische Kommission das so genannte »Safe Harbor-Abkommen«, welches zuließ, dass trotz Geltung europäischen Datenschutzrechts personenbezogene Daten von einem EU-Mitgliedstaat in die USA übertragen werden.

Darauf konnten sich amerikanische Unternehmen stützen. Demnach war eine Übermittlung vom europäischen Facebook-Sitz in Irland ins kalifornische Silicon Valley zulässig, da die USA angeblich ein »Safe Harbor«, also ein sicherer Hafen auch für europäische Daten seien, weil sie einen ähnlich sicheren Schutz personenbezogener Daten gewährleisteten wie europäisches Datenschutzrecht.

Oder zumindest gewährleisten sollten. Denn ein einzelner Facebook-Nutzer aus Irland sah das anders und wehrte sich gerichtlich gegen die Übermittlung seiner personenbezogenen Daten in die USA – und bekam Recht: Im Herbst 2015 kassierte der Europäische Gerichtshof die alte »Safe-Harbor-Entscheidung«.

III. Rechtliche Grundlagen

Doch was genau bedeutet »Schutz personenbezogener Daten«? Personenbezogene Daten sind Einzelangaben über persönliche oder sachliche Verhältnisse einer bestimmten oder bestimmbaren natürlichen Person, eines so genannten »Betroffenen«. Dies kann beispielsweise Ihr Name und Ihr Wohnort sein, oder ein Foto, das Sie auf Ihrem Fahrrad in der Sahara zeigt. Oder auch ein exaktes Protokoll, wann Sie morgens aufgestanden sind, dafür sendet die Wecker-App diese Daten jeden Morgen von Ihrem Smartphone an den Hersteller.

Die Erhebung, Verarbeitung oder Nutzung personenbezogener Daten ist nur zulässig, soweit das Bundesdatenschutzgesetz oder eine andere Rechtsvorschrift dies erlaubt oder anordnet oder der Betroffene eingewilligt hat. Eine Rechtsvorschrift erlaubt es im Zweifel nicht, dass Ihre Urlaubsfotos an Facebook übermittelt werden. Das ist deshalb nur möglich, wenn zuvor eine ausdrückliche Einwilligung Ihrerseits stattgefunden hat. So »ausdrücklich« allerdings ist die Einwilligung gar nicht, erfolgt sie doch an der Stelle innerhalb des Anmeldeprozesses in einem sozialen Netzwerk, an der Sie in Sekundenschnelle durch die Teilnahmebedingungen scrollen und unten genervt »Ja, ich akzeptiere …« anklicken. Manchmal lohnt es sich also in der Tat, vorher das Kleingedruckte zu lesen. Aber wegen Datenschutzbedenken auf Facebook verzichten? Das tun nicht viele, und mit den Verbleibenden lässt sich immer noch genug Geld verdienen.

Immerhin verpflichtet das Bundesdatenschutzgesetz die Nutzer von personenbezogenen Daten zur Datenvermeidung und -sparsamkeit. Demnach dürfen nur so viele Daten gesammelt werden, wie für die Erfüllung der konkreten Aufgabe erforderlich sind. Aber was ist die konkrete Aufgabe von Facebook, in die Sie eingewilligt haben? Offenbar auch, Sie mit Werbung zu versorgen.

Daran erkennen Sie schon, wie schwer der Grundsatz der Datenvermeidung einzuhalten ist – vor allem, wenn Sie freimütig Ihre sämtlichen geschossenen Fotos in sozialen Netzwerken gepostet haben. Stimmen Sie jedoch ausdrücklich zu, dass Facebook Ihnen nur Werbung für Lifestyle-Produkte zukommen lassen darf, ist es nicht in Ordnung, wenn Sie Werbung von Heizdeckenherstellern bekommen, ausgenommen es geht um besonders schicke Designerprodukte.

Datenschutz darf also von den Daten-nutzenden Unternehmen nicht auf die leichte Schulter genommen werden. Deshalb können Sie als Betroffener nicht nur Auskunft über Ihre personenbezogenen Daten verlangen, sondern diese auch berichtigen, löschen oder sperren lassen. Es ist somit Ihr gutes Recht, Auskunft über alle gespeicherten Daten zu verlangen, die Sie betreffen.

Doch zurück zu »Safe Harbor«. Das gleichnamige Abkommen wurde diesem Schutzumfang des Bundesdatenschutzgesetzes nicht gerecht und entsprach auch nicht unbedingt europäischem Datenschutzrecht. Dank Edward Snowdens Enthüllungen wissen wir, dass beispielsweise amerikanischen Sicherheitsbehörden unter Umständen Zugriff auf personenbezogene Daten gewährt werden musste. Vielleicht hängen deswegen die spektakulären Fotos von Ihrer Fahrrad-Weltreise, die Sie damals bei Facebook geteilt haben, heute in der NSA-Kantine.

Ob dieser Gedanke die Richter des Europäischen Gerichtshofs in Ihrer Entscheidung beeinflusste, wissen wir nicht. Jedenfalls ist »Safe-Harbor« Vergangenheit und wurde durch das »EU-US Privacy Shield« ersetzt, welches stärker auf Datensicherheit ausgelegt ist.

Ende gut, alles gut? Wohl nicht. Denn die US-Regierung hat einen neuen Beschluss nachgelegt: Für Personen, die keine US-amerikanischen Staatsangehörigen oder keine ständigen rechtmäßigen Einwohner der USA sind, findet das »EU-US Privacy Shield« keine Anwendung. Frei in dem Sinne: Was für US-Amerikaner gilt, darf nicht für Europäer gelten. America first eben. Einen ähnlich sicheren Schutz für EU-Bürger wie das europäische Datenschutzrecht kann das »EU-US Privacy Shield« damit schwerlich noch entfalten.

Die Fortsetzung folgt schon bald, denn ab 25. Mai 2018 ist dies alles Geschichte. Dann gilt nämlich europaweit und auch für alle in Europa aktiven ausländischen Unternehmen die so genannte EU-Datenschutz-Grundverordnung. Hierzu im nächsten Kapitel.

IV. Checkliste

- ✓ Schärfen Sie Ihr Bewusstsein dafür, welche Ihrer personenbezogenen Daten Sie preisgeben.
- ✓ Achten Sie in sozialen Netzwerken wie Facebook darauf, in welcher Form Sie Ihr Einverständnis in die Nutzung Ihrer personenbezogenen Daten erklären.
- ✓ Verlangen Sie in Zweifelsfällen Auskunft über vorhandene Daten.

V. Nützliche Paragraphen

- §§ 3, 3a, 4, 6 Bundesdatenschutzgesetz

DATENSCHUTZ FÜR ALLE, ÜBERALL

I. Einführung

Wer ständig im Netz präsent ist, kann kaum anders, als unaufhörlich Daten von sich preiszugeben. Dies hat der Gesetzgeber erkannt und umfangreiche Schutzmaßnahmen zugunsten von Verbrauchern begründet, die ab dem 25. Mai 2018 europaweit gelten.

II. Fall

Sie lieben Katzen. Deshalb besuchen Sie gerne Webseiten mit Katzenfotos. So stoßen Sie auf die Seite mykittylovers.de. Die Betreiber bieten Besuchern der Seite die Teilnahme an einem Gewinnspiel an. Angeblicher Hauptgewinn: lebenslang Katzenfutter für Ihre Miezi. Teilnahmevoraussetzung ist neben der Beantwortung einer eher einfachen Frage (»Beliebtes Haustier mit fünf Buchstaben?«) lediglich die Angabe Ihres Namens sowie der Postadresse (angeblich um Ihnen als Hauptgewinner das Katzenfutterpaket auch zustellen zu können) und einer E-Mail-Adresse (angeblich für Rückfragen). Sie machen mit, gewinnen leider nichts, aber nun erhalten Sie nicht nur regelmäßig den Newsletter des Seitenbetreibers, sondern täglich Angebote eines Katzenfutterunternehmens. Was tun?

III. Rechtliche Grundlagen

Datenschutz in Europa war viele Jahre lang Angelegenheit des nationalen Gesetzgebers. Damit ist es ab dem 25. Mai 2018 vorbei. Dann nämlich tritt die einheitliche EU-Datenschutz-Grundverordnung (DSGVO) in Kraft. Sie gilt dann für alle 28 Mitgliedsstaaten der Europäischen Union. Alle dort ansässigen Unternehmen müssen sich künftig nach den strengen Datenschutzregeln richten, deren Einhaltung Sie als Verbraucher verlangen können. Die Unternehmensgröße spielt dabei keine Rolle. Vom Ein-Mann-Katzenseitenbetreiber bis zum weltweit tätigen Katzenfotokonzern müssen dann alle die neuen Regeln beachten.

Die neuen Vorschriften machen auch nicht an den europäischen Grenzen halt. Nach der DSGVO werden sich in Zukunft alle in Europa aktiven, also auch in den USA ansässigen Unternehmen richten müssen. Denn künftig gilt das so genannte Marktortprinzip. Das heißt, US-Konzerne wie etwa Google oder Facebook müssen die Datenschutzregeln in allen EU-Ländern befolgen, in denen sie ihre Dienste anbieten.

Ziel der DSGVO ist, den freien Datenverkehr innerhalb des EU-Binnenmarkts sicherzustellen, ohne aber dadurch EU-Bürger der Gefahr auszusetzen, dass ihre personenbezogenen Daten unbefugter Nutzung ausgesetzt sind.

Deshalb, so der EU-Gesetzgeber, sollen Unternehmen möglichst wenig personenbezogene Daten verarbeiten. Die Daten der Kunden, die gleichwohl genutzt werden, sollen weitgehend anonymisiert sein und die notwendigen Abläufe transparent nach außen vermittelt sowie intern genau überwacht werden.

Bei Verstößen gegen die neuen Vorschriften drohen empfindliche Strafen, im Einzelfall sogar in Milliardenhöhe, die Höchstgrenze liegt bei vier Prozent des Umsatzes der datenverarbeitenden Unternehmen. Außerdem besteht eine darüber hinausgehende zivilrechtliche Haftung für Schäden, die durch Rechtsverstöße entstehen.

Streng überwacht wird der Datenschutz in jedem EU-Land von einer entsprechenden Aufsichtsbehörde. In Deutschland sind das der Bundesbeauftragte für den Datenschutz und nicht weniger als 16 Landesdatenschutzbeauftragte und ihre jeweiligen Ämter, für jedes Bundesland eines. Darüber hinaus kann man davon ausgehen, dass sich auch Verbraucherschutzorganisationen und vermutlich auch so genannte Abmahnanwälte den neuen Regeln annehmen werden und Verstöße verfolgen werden.

Was aber sind nun die schutzfähigen »personenbezogenen Daten«? Nach Artikel 4 der DSGVO sind das alle Informationen, die sich auf eine identifizierbare natürliche Person beziehen. Identifizierbar ist eine Person durch

- Namen,
- Postadresse,
- E-Mail-Adresse,

- IP-Adresse (das ist die individualisierte Netzwerkadresse jedes internetfähigen Gerätes, die dazu dient, Versender- und Empfängerdaten jedweder Art zu identifizieren)
- Fotos,
- Kfz-Kennzeichen,
- Kontonummer,
- Rentenversicherungsnummer,
- individualisierte Informationen wie elektronische Nachrichten, Beiträge in sozialen Netzwerken und medizinische Informationen sowie
- alle anderen individualisierten Informationen, die Ausdruck der physischen, physiologischen, genetischen, psychischen, wirtschaftlichen, kulturellen oder sozialen Identität dieser natürlichen Person sind.

Um auf den Ausgangsfall zurückzukommen: Sie haben nicht nur die Gewinnspielfrage richtig beantwortet (»Katze«), sondern auch Informationen über sich preisgegeben: Ihren Namen, Ihre Anschrift sowie Ihre E-Mail-Adresse. Dabei handelt es sich eindeutig um personenbezogene Daten im Sinne des Datenschutzes.

Als sensibel werden personenbezogene Daten betrachtet, wenn sie

- Rasse oder ethnische Herkunft,
- politische Meinungen,
- religiöse oder philosophische Überzeugungen,
- Gewerkschaftsmitgliedschaften,
- genetische Daten,
- biometrische Daten,

- gesundheitliche Daten,
- Daten über die sexuelle Orientierung oder das Sexualleben einer Person oder
- Vorstrafen bis hin zu Ordnungswidrigkeiten enthüllen.

Solche sensiblen Daten erfordern eine noch strengere Regulierung und mehr Schutz. Das bedeutet, dass die verarbeitende Stelle derartige Daten auf Anforderung sofort löschen muss, wenn sie die Richtigkeit der Angabe nicht beweisen kann. Bei anderen Daten führt die Nicht-Beweisbarkeit nur zu einer Sperrung, nicht zu einer Löschung.

Was bedeutet »Verarbeitung«?

Die Datenverarbeitung muss nicht der Hauptzweck des Unternehmens sein. Es geht also gerade nicht nur um IT-Unternehmen. Im vorliegenden Fall ist der Hauptzweck von mykittylovers.de das Posten von Katzenfotos, nicht etwa die Erbringung von EDV-Dienstleistungen. Es genügt aber, wenn im Tätigkeitsbereich des Unternehmens »irgendwie« Daten anfallen. Das ist vorliegend durch die Erhebung der Informationen von Ihnen erfolgt.

Unter »verarbeiten« versteht man deshalb jeden Vorgang und jede solche Vorgangsreihe im Zusammenhang mit personenbezogenen Daten, egal ob dazu automatisierte Verfahren angewendet wurden oder nicht. Dazu gehört

- die Erhebung,
- die Erfassung,
- die Organisation,

- das Ordnen,
- die Speicherung,
- die Anpassung oder Veränderung,
- das Auslesen,
- das Abfragen,
- die Verwendung,
- die Übermittlung,
- Verbreitung oder eine andere Form der Bereitstellung, Abgleich oder Verknüpfung,
- die Einschränkung,
- das Löschen oder die Vernichtung von Daten.

Nach dieser sehr weiten Definition dürfte es kaum noch Unternehmen oder Gewerbetreibende geben, die keine personenbezogenen Daten verarbeiten. Damit betrifft Datenschutz nun wirklich alle.

Welche Pflichten treffen Unternehmen konkret?

Die Verarbeitung personenbezogener Daten ist nur rechtmäßig, wenn mindestens eine der folgenden Bedingungen erfüllt ist:

Im Fall der Katzenfoto-Website ist – zumindest auf den ersten Blick – der Normalfall einer zulässigen Datenverwendung erfüllt. Sie haben Ihre Einwilligung zu der Verarbeitung der Sie betreffenden personenbezogenen Daten für einen oder mehrere bestimmte Zwecke gegeben, vorausgesetzt, Sie sind volljährig (bei Jugendlichen ab 13 und unter 16 Jahren ist die Zustimmung des Erziehungsberechtigten erforderlich, Kinder unter 13 sind absolut geschützt).

Die Einholung Ihrer Einwilligungserklärung musste »in präziser, transparenter, verständlicher und leicht zugänglicher Form in einer einfachen und klaren Sprache« (Art. 12 EU-DSGVO) geschehen. Das mag noch zutreffen, mykittylovers.de hat sich eigentlich klar und deutlich ausgedrückt: Wer am Gewinnspiel teilnehmen will, muss seine dafür erforderlichen Daten mitteilen.

Des Weiteren mussten Sie vor Ihrer Einwilligungserklärung detailliert über den beabsichtigten und tatsächlichen Umgang mit den verwendeten Daten informiert worden sein. Daran fehlt es. Sie wurden nicht darüber informiert, dass mykittylovers.de Ihre Daten nicht nur zur Teilnahme an einem Gewinnspiel verwendet, sondern auch zu ganz anderen Zwecken.

Fehlt eine wirksame Einwilligung, wäre die Verarbeitung Ihrer Daten ausnahmsweise trotzdem zulässig: Sie könnte nämlich für die Erfüllung einer rechtlichen Verpflichtung erforderlich gewesen sein, etwa eines Vertrages, vorausgesetzt, dass dieser auf Anfrage der betroffenen Person zustande kam. Bislang hatten Sie aber keinen Vertrag mit mykittylovers.de, so dass diese Ausnahmeregelung nicht greift.

Eine weitere Ausnahme: Die Verarbeitung könnte erforderlich sein, um lebenswichtige Interessen der betroffenen Person oder einer anderen natürlichen Person zu schützen, die Verarbeitung könnte im öffentlichen Interesse liegen oder in Ausübung öffentlicher Gewalt erfolgen. Sie finden Katzenfotos zwar niedlich, aber Ihr Interesse daran ist sicher kein lebenswichtiges.

Selbst wenn eine dieser Voraussetzungen erfüllt ist, im Normalfall also eine korrekt eingeholte Einwilligung des Betroffenen vorliegt, müssen personenbezogene Daten nach Artikel 5 und 6 DS-GVO zusätzlich noch eine Reihe weiterer Voraussetzungen erfüllen, bevor ein Unternehmen sie weiterverarbeiten darf:

1. Die Daten müssen auf rechtmäßige Weise, nach Treu und Glauben und in einer für die betroffene Person nachvollziehbaren Weise verarbeitet werden (»Rechtmäßigkeit, Verarbeitung nach Treu und Glauben, Transparenz«).

2. Die Daten müssen für festgelegte, eindeutige und legitime Zwecke erhoben werden; ihre Weiterverarbeitung muss mit diesen Zwecken vereinbar sein. Eine Weiterverarbeitung für Archivzwecke aus öffentlichem Interesse, für wissenschaftliche oder historische Forschungszwecke oder für statistische Zwecke gilt nicht als unvereinbar mit den ursprünglichen Zwecken (»Zweckbindung«).

3. Die Daten müssen dem Zweck angemessen sein und sich auf das notwendige Maß beschränken, welches für die Zwecke der Verarbeitung notwendig ist (»Datenminimierung« und »Datensparsamkeit«).

4. Die Daten müssen sachlich richtig und erforderlichenfalls auf dem neuesten Stand sein. Es sind alle angemessenen Maßnahmen zu treffen, damit personenbezogene Daten, die im Hinblick auf die Zwecke ihrer Verarbeitung unrichtig sind, unverzüglich gelöscht oder berichtigt werden (»Richtigkeit«).

5. Die Daten müssen in einer Form gespeichert werden, die die Identifizierung der betroffenen Personen nur so lange ermöglicht, wie es für die Zwecke, für die sie verarbeitet werden, erforderlich ist (»Speicherbegrenzung«).

6. Die Daten müssen in einer Weise verarbeitet werden, die eine angemessene Sicherheit der personenbezogenen Daten gewährleistet. Das schließt den Schutz vor unbefugter oder unrechtmäßiger Verarbeitung und vor unbeabsichtigtem Verlust ein. Ebenso muss durch geeignete technische und organisatorische Maßnahmen die Gefahr der unbeabsichtigten Zerstörung oder unbeabsichtigten Schädigung minimiert werden (»Integrität und Vertraulichkeit«).

7. Jedes Unternehmen muss einen Datenschutzbeauftragten oder zumindest einen Datenschutzkoordinator ernennen, der für die Einhaltung der Vorschriften verantwortlich zeichnet und auf Anforderung deren Einhaltung nachweisen können muss (»Rechenschaftspflicht«).

Nun zurück zu unserem Ausgangsfall. Beachten die Betreiber von mykittylovers.de jene Grundsätze, insbesondere das Gebot der Integrität und Vertraulichkeit der Datenerhebung, bemühen sie sich hinreichend um den Schutz Ihrer Daten vor unbefugter oder unrechtmäßiger Verarbeitung? Das ist für Sie als Außenstehenden nicht zu erkennen. Haben die Betreiber, wofür der erste Anschein spricht, mutwillig Ihre Daten eingesammelt, um sie zu ganz anderen Zwecken zu nutzen als mitgeteilt? Oder sollten die Daten ursprünglich wirklich nur für das Gewinnspiel genutzt werden, gelangten dann aber infolge unzureichender Sicherheitsstandards, eines Datenlecks oder eines Hackerangriffs von den nichtsahnenden Mykittylovers-Betreibern zum Katzenfutterproduzenten? Das alles können Sie erfragen, Ihnen steht ein Auskunftsanspruch zu.

Allem Anschein nach hat mykittylovers.de mit seiner Art der Datenbeschaffung gegen mehrere der vorstehenden Grundsätze verstoßen. Zwar wurden nicht mehr Daten als nötig erhoben (Gebot der Datenminimierung), wenn aber die Teilnahme am Gewinnspiel nur dem Zweck diente, die Daten anderweitig zu Werbezwecken zu nutzen, dann war die Erhebung und die Zweckverbindung weder rechtmäßig noch transparent. Denn dieser Zweck wurde ihnen vorab nicht mitgeteilt.

Wer einen Newsletter- oder Werbemail-Versand rechtlich unangreifbar betreiben will, muss dem potentiellen Anmelder deshalb zuvor alle erforderlichen Informationen zu Anlass, Inhalt, Art und Häufigkeit der zu erwartenden Werbemails liefern.

Dies bedeutet nach Ansicht des Bundesgerichtshofs[1], dass man im Informations- und Einwilligungstext für Newsletter und Werbemail angeben muss, für welche konkreten Produkte zukünftig Informationen und Werbung versandt werden soll. Und zwar schon bevor sich der Interessent anmeldet.

Geht angesichts dieser hohen Anforderungen aus den vor Abgabe der Einwilligungserklärung erteilten Informationen nicht eindeutig hervor, für welche Produkte der Empfänger Werbung erhält, ist die Zustimmung unwirksam. Dies bedeutet für Sie als Absender der unerwünschten Werbemails, dass Ihre Einwilligung nicht wirksam ist.

Sollten Sie, anders als im vorliegenden Fall, eine wirksame Werbeeinwilligung für einen Katzenfutterproduzenten erteilt haben, und erweitert dieser sein Sortiment dann etwa auf Sportartikel, dann darf man Ihnen ohne neue Einwilligung keine darauf bezogene Werbung zusenden.

Von mykittylovers.de haben Sie keinerlei Informationen erhalten, dass Sie über eine Gewinnspielteilnahme hinaus mit Werbemails rechnen müssen, sei es durch den Newsletter von mykittylover.de, sei es in Form von Werbemails von Katzenfutterproduzenten, mit denen Sie niemals zuvor auch nur Kontakt hatten, geschweige denn eine Werbeeinwilligung erteilt hatten. Deshalb ist keine wirksame Einwilligung erteilt worden.

Eine solche wäre problemlos möglich gewesen. Mykittylovers.de hätte Ihnen detailliert mitteilen können und müssen, dass Sie nicht nur an einem Gewinnspiel teilnehmen, sondern auch von der Plattform selbst sowie von Dritten, mit denen Sie nie zuvor in Kontakt waren, (Produkt-)Informationen erhalten.

Üblicherweise erfolgt eine solche Zustimmung aus Beweisgründen per so genanntem »Double-Opt-In-Verfahrens«. Dies bedeutet, dass jeder künftiger Empfänger eines Newsletters oder einer sonstigen Werbemail seine Bereitschaft zum Empfang doppelt bestätigen muss. Der wirksame Eintrag Ihrer E-Mail-Adresse in die Verteilerliste setzt also zwei Schritte voraus: Im ersten bekunden Sie als zukünftiger Abonnent des Newsletters Ihr grundsätzliches Interesse durch Mitteilung Ihrer Mailadresse. Im zweiten Schritt erhalten Sie eine E-Mail an diese Adresse mit der Bitte um Ihre erneute Bestätigung mittels Mausklick auf einen Link. Dies erfolgt etwa durch folgende Formulierung:

> Nach Absenden des Formulars bekommen Sie eine Bestätigungs-E-Mail zugeschickt. Erst mit der Bestätigung dieser E-Mail erhalten Sie Informationen zu den von Ihnen gewählten Themen. Unsere Datenschutzhinweise finden Sie hier.

Erst wenn Sie durch Anklicken eine Bestätigung erteilt haben, wird Ihre Zustimmung rechtswirksam.

Diese Rechte stehen Ihnen als Verbraucher zu

Der Umstand, dass mykittylovers.de Ihnen Werbe-E-Mails schickte und darüber hinaus den Werbepartner ebenfalls zu dieser Maßnahme veranlasste, stellt einen rechtswidrigen Eingriff in Ihre geschützte Rechtsposition dar, weil Sie zuvor keine wirksame Einwilligung gegeben haben.

Deshalb steht Ihnen ein Anspruch auf Unterlassung der Zusendung elektronischer Post mit werblichem Inhalt zu.

Wurde Ihnen durch eine unerlaubte Datenverwendung ein Schaden zugefügt, haben Sie gegenüber der verursachenden Stelle einen Anspruch auf Ersatz des Ihnen entstandenen Schadens. Bei einer schweren Verletzung Ihres Persönlichkeitsrechts steht Ihnen ein angemessenes Schmerzensgeld zu. Behörden und andere öffentliche Stellen haften bis zu einem Höchstbetrag von 130 000 Euro.

Sie haben in regelmäßigen, angemessenen Abständen Anspruch auf Auskunft über die tatsächlich erfolgte Nutzung – nicht nur dann, wenn es wie im vorliegenden Fall an einer wirksamen freiwilligen und schriftlichen Erlaubnis zur Datennutzung fehlt. Der Auskunftsanspruch umfasst Angaben darüber, welchem Zweck die Speicherung dient und auch die Mitteilung, ob und – falls ja – an wen Ihre Daten weitergegeben wurden. Die Auskunft ist schriftlich zu geben, falls Sie das wünschen auch elektronisch. Sie wird kostenlos erteilt. Handelt es sich beim Adressaten eines Auskunftsgesuchs um eine

Wirtschaftsauskunftei, ist eine Auskunft pro Jahr kostenlos. Alle weiteren Gesuche sind kostenpflichtig.

Ihr Auskunftsantrag sollte möglich konkret formuliert sein. Also nicht: »Anfrage an die Stadt München: Welche Daten von mir haben Sie gespeichert?« Sondern: »Ich bitte um Auskunft, welche personenbezogenen Daten Sie im Zusammenhang mit meinem Antrag vom … auf Kindergeld für meine Tochter … gespeichert haben.«

Polizei und Geheimdienste dürfen Auskunftsgesuche ablehnen, sofern dadurch polizeiliche Ermittlungen, die öffentliche Sicherheit oder Ordnung oder Geheimhaltungsinteressen des Staates gefährdet werden.

Grundsätzlich muss auch jede Stelle, die Daten ohne Ihre Kenntnis erhebt und verarbeitet, Sie proaktiv darüber benachrichtigen, sonst riskiert sie ein Bußgeld. Ob die dortigen Verantwortlichen sich aber tatsächlich rechtskonform verhalten und nicht doch hoffen, dass »es nicht herauskommt«, dürfte von Fall zu Fall unterschiedlich sein.

Auch wenn eine wirksame Einwilligung vorliegt, können Sie jederzeit verlangen, dass Ihre personenbezogenen Daten korrigiert, ergänzt oder gelöscht und nicht weiterverarbeitet werden. Einzige Voraussetzung ist, dass sich die Zwecke, für welche die Daten erhoben wurden, geändert bzw. erübrigt haben oder Sie die ursprünglich erteilte Einwilligung in die Verarbeitung widerrufen.

Ihr so genanntes »Recht auf Vergessen« können Sie ohne Vorliegen oder Angabe von Gründen sofort ausüben. Dies muss dann vom verarbeitenden Unternehmen auch sofort beachtet werden.

Ihr Widerrufsrecht muss Ihnen in jeder Werbemail ausdrücklich und leicht verständlich und umsetzbar eingeräumt werden, etwa durch folgende versandfertig unterlegte, anklickbare Mitteilung: »Ja, ich will alle werblichen Nachrichten von mykittylovers.de abbestellen«.

Ihnen steht schließlich auch das Recht auf Datenübertragbarkeit zu. Dadurch sollen Verbraucher künftig ihre Daten mit wenigen Klicks auf einen anderen Anbieter übertragen können. Das soll Plattformwechsel, zum Beispiel in einem sozialen Netzwerk, erleichtern.

IV. Checkliste

- ✓ Wurde Ihnen in leicht verständlicher Sprache genau erläutert, wozu Ihre Daten von wem genutzt werden, und wurden Sie darauf hingewiesen, dass Sie jederzeit die Nutzungseinwilligung widerrufen können?

- ✓ Wurde Ihnen, nachdem Sie Ihr grundsätzliches Interesse an künftigen Werbe-Informationen bekundet haben, eine weitere Mail zugeschickt mit einem Link, den Sie bestätigen sollten?

- ✓ Enthält jede Werbemail, die Sie erhalten, eine ausdrückliche Widerrufs- und Abmeldemöglichkeit?

✓ Hat sich das Warensortiment desjenigen, dem gegenüber Sie die Werbeeinwilligung erteilt haben, deutlich verändert?

✓ Wenn nur einer der vorstehenden Punkte zweifelhaft ist, wenden Sie sich an die zuständigen Datenschutzbehörden. Diese sind verpflichtet, allen Beschwerden nachzugehen und Sie als Betroffenen vom Ergebnis zu unterrichten.

V. Nützliche Links und Paragraphen

- Eine gute Übersicht zur DSGVO: https://www.bitkom.org/Presse/Anhaenge-an-PIs/2016/160909-EU-DS-GVO-FAQ-03.pdf
- § 1004 Abs. 1. S. 2, § 823 Abs. 1, § 831 BGB
- www.bfdi.bund.de (Liste der Datenschutzbehörden auf Bundes- und Landesebene; Abrufmöglichkeit für Flyer »Datenschutz – meine Rechte«)

BEWERTUNGSPORTALE – ÄRZTE, LEHRER, HOTELS

I. Einführung

Sie sind umgezogen. Neue Stadt, neues Glück – und früher oder später werden Sie vielleicht auch einmal krank und benötigen einen Arzt. Aber wo finden Sie einen, wenn Sie ihn ganz dringend brauchen? Entweder per Empfehlung von Bekannten oder Kollegen, oder natürlich im Internet. Die von Ihnen konsultierte Suchmaschine zeigt sofort einige Websites und Einträge von Arztpraxen in Ihrer Nähe an, aber auch diverse kritische Bewertungen anderer Patienten. Eigentlich wollen Sie nur einen kurzen Blick darauf werfen – und schon setzen Sie sich ausführlich mit einzelnen Patientenkommentaren auseinander. Schließlich geht es um Ihre Gesundheit!

Doch was ist von derartigen Bewertungen zu halten? Sind sie seriös? Können Sie darauf vertrauen? Oder macht sich dort bloß jemand wichtig und postet Übertreibungen, Verzerrungen oder gar Unwahrheiten? Dann wäre die Bewertung unfair gegenüber dem Arzt – für ihn eine missliche Situation, in die ganz leicht auch andere Berufsgruppen geraten können, die im öffentlichen Fokus stehen, etwa Lehrer oder Hotelbetreiber. Über sie alle gibt es mittlerweile Bewertungsportale.

Wer aber kann dafür verantwortlich gemacht werden, wenn eine Bewertung einzig und allein dem erkennbaren Zweck dient, den Bewerteten schlechtzumachen und ihm (beruflich) zu schaden? Was können Sie als Betroffener gegen eine unfaire Bewertung Ihrer Arbeit unternehmen?

II. Fall

Ärzte

Sie sind Zahnarzt und werden von einer Patientin auf die Bewertungen Ihrer Arbeit im Internet aufmerksam gemacht: Ihre Zahnfüllungen seien »absoluter Pfusch«. Außerdem könnten Sie mit Ihren »wurstigen Fingern« keine filigrane Arbeit im Mundraum leisten und seien daher für diese Arbeit völlig untauglich.

Nach der Behandlung dieser Patientin – aufgrund langjähriger Verbundenheit vertraut sie Ihnen offenbar weiterhin – setzen Sie sich sofort vor Ihren Rechner und beginnen, sich selbst zu googeln. Sie stoßen dabei auf ein Portal, das Ärztebewertungen sammelt und jedermann kostenlos zur Verfügung stellt, um Patienten bei der Arztsuche und -wahl zu helfen.

Und tatsächlich – Sie finden die gesuchte Bewertung: Ein anonymer Patient (oder womöglich ein böser Konkurrent?) denunziert Sie auf der Seite aerzteglueck.de mit vollem Namen und Adresse als angeblichen »Pfuscher«, der »seinen Beruf verfehlt hat«. Darunter befindet sich der Kommentar einer Nutzerin, die sich mit den Worten bedankt: »Danke, wollte eigentlich zu ihm gehen, aber jetzt überlege ich es mir nochmal.«

Sie sind außer sich, fürchten um Reputation und Patienten und fragen sich, was Sie gegen die Bewertung und Kommentare unternehmen können. Ein Trost: wenigstens müssen Sie jenem unzufriedenen Patienten wahrscheinlich nie wieder begegnen.

Lehrer

Anders ist die Situation bei Lehrern, die im Internet bewertet werden: Sie können Ihrer Jury nicht ausweichen, sondern müssen ihr Tag für Tag immer wieder gegenübertreten. Erschwerend kommt hinzu, dass Lehrer mitunter eine engere persönliche Beziehung zu Schülern aufbauen als ein Arzt zum Patienten. Eine unfaire Bewertung, die einen Eingriff in das Persönlichkeitsrecht darstellt, kann also – zumindest nach subjektivem Empfinden – intensiver sein, wenn man als engagierte Lehrerin folgende Online-Bewertungen lesen muss:

> Frau Knoches Unterricht in deutscher Grammatik weist mitunter einen Mangel an Struktur auf. Haben wir doch nach dem Präsens und dem Imperfekt zunächst das Plusquamperfekt besprochen, hätte ich mir gewünscht, sie hätte das Perfekt zeitlich vorgezogen. (Note 3-)

> Von Frau Knoche kriege ich Augen- und Ohrenkrebs. Ihre Klamotten sind so hässlich, dass man sie nur mit

Kopfschmerzen angucken kann, und ihre Stimme macht mich wahnsinnig. Ich kann diese Lehrerin absolut nicht empfehlen, der Unterricht bei ihr ist totale Zeitverschwendung. Schade, dass man Deutsch nicht abwählen kann. (Note 6–)

Sie sind erschüttert. Das ist nicht fair! Aber können Sie gegen diese schlechten Noten vorgehen? Und wenn ja – wie?

Hotels

Unmittelbare wirtschaftliche Auswirkungen haben negative Hotelbewertungen. Wenn Sie ein Hotel, das Sie noch nicht kennen, übers Internet buchen, wollen Sie doch nicht das Risiko eingehen, eine »Bruchbude« auszuwählen, in der Sie dann womöglich einige Tage Ihres Lebens verbringen müssen, schlimmstenfalls vielleicht sogar mit Ihrer Freundin, die Ihnen dann die ganze Zeit über Vorwürfe wegen des missratenen Urlaubs macht.

Deshalb ist es verständlich, wenn Sie sich vor der endgültigen Buchungsentscheidung nicht nur auf der offiziellen Hotelseite umschauen und die offiziellen Beschreibungen und Hotelfotos betrachten, sondern auch nach Beurteilungen und Erfahrungen von ehemaligen Gästen suchen. Diese können auf der Hotel-Homepage selber stehen oder aber auf eigens dafür eingerichteten Portalen.

Was werden Sie wohl von einem Hotel denken, über das Sie lesen müssen (Rechtschreibung wie im Original):

Ein Hotellerie Negativbeispiel – FINGER WEG!

Frühstücksbuffet unterste Schublade, Sauberkeit ebenfalls. Freundlichkeit nachdem auf fehlende Semmeln bereits um 9 Uhr morgens hingewiesen wurde – fehlanzeige. Auf unsere Reklamation am Abend vom Abreisetag wurde mit Bedrohung und letztlich Rausschmiß reagiert. Unglaublich wie hier ein Hotel geführt wird.Liebe leser, laßt die Finger von diesem Haus!!

oder

Das Beste am (Hotel?) war die Abreise. Die Zimmer waren vom Schnitt sehr klein, das Bad nach unserem Empfinden sehr dunkel und muffig. Fön mit 2 Gebläsestufen aber nur einer Heizstufe war sehr dürftig. Sofa war meiner Meinung nach Sperrmüllreif. Die Kunststoffbalkonbestuhlung war ohne Sitzauflagen. Dies war bei 32 Grad Celsius im Schatten sehr unangenehm. Herrenlose Joghurtbecher lagen eine Woche auf der Dachterrasse umher und wurden nicht beseitigt. Der Aschenbecher auf dem Balkon blieb eine Woche ungeleert. Der Teppichboden im Zimmer wurde, soweit wir das einschätzen können, die ganze Zeit nicht einmal gesaugt. Ein Gast, der die All-Inclusive Leistungen wenig in Anspruch nahm, schien in den Augen der Hotelleitung ein guter Gast zu sein.

Solche Bewertungen sind Gift fürs Geschäft. Da hilft es auch nicht weiter, wenn die Geschäftsleitung des beschriebenen Hotels die Bewertungen ihrerseits mit klarstellenden Kommentaren zu versehen und zu relativieren versucht, wie etwa:

> Danke für Ihre Bewertung.
>
> Solche Gäste braucht kein Mensch. Von Erpressung bis Drohungen war alles dabei.
>
> Geschäftsführung

oder

> Nach der Aufforderung nach 2 Tagen unser Hotel zu Verlassen wird man jetzt in jeden möglichen Portal schlecht gemacht.
>
> Wir finden es langsam Kindisch uns überall zu Rechtfertigen, aber solche Gäste wünschen wir keinem Kollegen.
>
> Entspricht nicht der Wahrheit, von Fön bis Joghurtbecher
>
> Geschäftsleitung

Was aber können die Bewerteten tun, außer mehr oder weniger hilfreiche Gegenstellungnahmen abzugeben?

III. Rechtliche Grundlagen

Bewertungsportale – seien es nun Ärzte-, Lehrer- oder Hotelbewertungsportale – sind nicht verpflichtet, aus eigenem Antrieb die Beurteilungen der Nutzer auf mögliche Fehleinschätzungen hin zu überprüfen. Sie müssen somit auch nicht in jedem Fall im Voraus Bewertungen vor Freischaltung prüfen und abwägen, ob darin jemand zu Unrecht kritisch beschrieben und damit möglicherweise sein Persönlichkeitsrecht verletzt wurde. Denn letztlich ist das Portal rechtlich gesehen nicht Verursacher der Bewertung, sondern nur eine Art Bote des anonymen Autors einer Bewertung. Doch ist der in der Regel wegen seiner Anonymität für den Bewerteten nicht greifbar.

Der Portalbetreiber hingegen ist identifizierbar. Er ist aber nur dann für Bewertungen verantwortlich, wenn es sich bei denen um seine eigenen Inhalte handelt oder um Beiträge Dritter, die sich das Portal in besonderer Weise zu eigen macht. Das betrifft neben eigenen Bewertungen etwa Fälle, in denen der Portalbetreiber gegenüber seinen Nutzern zu erkennen gibt, dass er die inhaltliche Verantwortung für eine fremde Bewertung übernimmt, etwa durch zustimmende Kommentierungen. Beides dürfte aber eher selten vorkommen.

Rechtlich in Schwierigkeiten kommen Portale meist dann, wenn sie im Nachhinein, typischerweise durch eine Beschwerde des Betroffenen, von einer fragwürdigen Bewertung eines üblicherweise anonymen Bewerters erfahren und dann nicht oder falsch reagieren. Dann nämlich, wenn die Portalbetreiber Kenntnis von einer möglicherweise unzutreffenden Bewertung erlangen, müssen sie aktiv werden und nachweislich Schritte einleiten, um den Sachverhalt aufzuklären.

Eine Handlungspflicht wird etwa dadurch begründet, dass Sie sich beispielsweise als betroffener Zahnarzt nicht nur über die (aus Ihrer Sicht ungerechtfertigte) Bewertung ärgern, sondern sich direkt an aerzteglueck.de wenden und etwa mitteilen:

> Sehr geehrte Damen und Herren, die mich betreffende Bewertung in Ihrem Portal, die meine Arbeit als »Pfusch« bezeichnet, ist völlig unzutreffend. Meine Zahnfüllungen sind mehrfach preisgekrönt, und in Fachkreisen werde ich um meine zugegeben etwas dicken, dafür aber äußerst geschickten Finger beneidet.

Prüfpflicht von Online-Bewertungsportalen

Nach einem derart konkreten Hinweis ist das Portal in einer Prüfpflicht. Wie diese im Einzelnen aussieht, variiert von Fall zu Fall, je nach Intensität des Eingriffs und der Verletzung. Wie so oft in der Juristerei sind hier also die betroffenen Rechtspositionen und Interessen gegeneinander abzuwägen: zum einen der aus dem Recht auf freie, ungestörte Berufsausübung des Bewerteten und seinem allgemeinen Persönlichkeitsrecht herzuleitende Anspruch, keine Unwahrheiten über sich in der Öffentlichkeit hinnehmen zu müssen. Zum anderen die Meinungsfreiheit des Autors einer kritischen, aber womöglich zutreffenden Bewertung. Auch wenn Grundrechte eigentlich Abwehrrechte des Bürgers gegen den Staat sind, kann in diesem Fall die staatlich geschützte Berufsfreiheit des Arztes auch als ein Abwehrrecht gegen die Rechtsverletzung einer Privatperson dienen, in diesem Fall gegen den Autor einer Online-Bewertung. Juristen sagen hier etwas blumig: Die Grundrechte strahlen hier in das Privatrecht ein.

Da es hierbei um das hohe Gut der Meinungsfreiheit geht, ist eine weitere Frage zu bedenken: Handelt es sich bei der Bewertung um ein noch zulässiges Werturteil (»Ich habe mich bei der Behandlung nicht wohl gefühlt«)? Oder liegt doch eine unwahre Tatsachenbehauptung und damit eine unzulässige Äußerung vor (»Der Zahnarzt hat mir, noch dazu ohne Betäubung, den falschen Zahn gezogen.«)?

Auch hier liegt der Teufel im Detail: Möglicherweise ist die Beurteilung des Zahnarztes ersichtlich unsachlich gehalten. Das ist dann der Fall, wenn sie sich nicht nach objektiv nachprüfbaren Kriterien mit der fachlichen Leistung des Beurteilten auseinandersetzt, sondern subjektiv wertend persönliche Eigenschaften einer Person zum Gegenstand unsachlicher Kritik macht. Dann handelt es sich nicht um eine noch zulässige Bewertung, sondern um eine unzulässige, so genannte Schmähkritik, die zum Beispiel wie folgt lauten könnte:

»Der Zahnarzt hat sich aufgeführt wie Laurence Olivier in ›Marathon Man‹, als er Dustin Hoffman ›auf den Zahn fühlt‹. Dabei konnte er nicht einmal den Bohrer richtig herum halten und würde sogar durch jede Klempnerprüfung fallen.«

Eine solche »Bewertung« soll ganz offensichtlich nur dazu dienen, den Zahnarzt öffentlich herabzuwürdigen, denn sie weist keinen objektiv-sachlichen Bezug zur erfolgten Behandlung auf.

Schmähkritik wird als Verstoß gegen die Persönlichkeitsrechte des Bewerteten betrachtet und ist zu unterlassen.

Nach Ansicht des Bundesgerichtshofs[2] liegt im Betrieb eines Personen-Bewertungsportals ein gesteigertes Risiko von Persönlichkeitsverletzungen der Bewerteten. Wenn durch die jedermann zugänglichen negativen Bewertungen zudem die beruflichen und wirtschaftlichen Wettbewerbschancen des Betroffenen nachhaltig beeinträchtigt werden könnten, kann sich der Betreiber nicht auf eine rein formale Prüfung zurückziehen. Die Möglichkeiten des Betroffenen, unmittelbar gegen den Bewertenden vorzugehen, sind wegen dessen Anonymität häufig erschwert. Daher muss das Portal zusätzliche Pflichten erfüllen, die allerdings in der Praxis kaum erfüllbar sein dürften.

Im Fall der konkreten Beanstandung einer Bewertung durch den Bewerteten muss das Portal den Sachverhalt also besonders gewissenhaft prüfen. Dazu gehört, den Patienten, der zwar anonym beurteilt hat, dem Portal aber aufgrund seiner E-Mail-Adresse bekannt sein dürfte, etwa wie folgt anzuschreiben:

> Liebe Nutzerin, lieber Nutzer,
>
> Sie haben Dr. H. bewertet. Dr. H. hat sich nun bei uns gemeldet und die Echtheit der Bewertung in Frage gestellt. In diesem Fall sind wir dazu verpflichtet, dem Hinweis nachzugehen und Ihre Bewertung zu prüfen. Um die Prüfung positiv abzuschließen, ist es nötig, dass Sie uns Ihre Bewertung noch einmal bestätigen. Bitte antworten Sie uns hierzu

> kurz auf diese E-Mail, indem Sie die Behandlung in mindestens zwei Sätzen umschreiben und den Behandlungszeitraum nennen. Selbstverständlich geben wir keine dieser Informationen an den Arzt weiter. Sie dienen nur unserer internen Prüfung.

Allerdings genügt es nicht, sich etwa mit folgender Antwort des Beitragsverfassers zufriedenzugeben:

> Sehr geehrte Damen und Herren,
>
> ich bestätige hiermit meine Bewertung. Ich war im Frühjahr bei Dr. H. in Behandlung. Er diagnostizierte fehlerhaft. Das haben auch Kollegen von ihm bestätigt. Namen will ich keine nennen, Belege liegen mir leider nicht mehr vor.
> Mit freundlichen Grüßen [...]

Das Gericht bemängelte daran, dass es das Bewertungsportal versäumt hatte, die Beanstandung des betroffenen Arztes dem bewertenden Patienten zu übersenden und diesen zur detaillierten Stellungnahme aufzufordern. Der Patient, so das Gericht, hätte die angebliche Schlechtbehandlung möglichst genau beschreiben und möglichst umfassende Unterlagen übermitteln müssen, die den Behandlungskontakt belegen – wie etwa vorhandene Rechnungen, Terminkarten und -zettel, Eintragungen in Bonushefte, Rezepte oder sonstige Indizien.

Die bloße Bitte des beklagten Portals, die Behandlung in mindestens zwei Sätzen zu umschreiben und den Behandlungszeitraum zu nennen, reicht hierfür nicht aus. In jedem Fall hätte die Beklagte dem Kläger Informationen und Unterlagen über den behaupteten Behandlungskontakt weiterleiten müssen. Dies hätte auch den Behandlungszeitraum umfassen müssen. Sollte dies deshalb nicht erfolgt sein, weil zu befürchten war, dass der Arzt den Bewertenden aufgrund des mitgeteilten Behandlungszeitraums identifizieren kann, hätte der Patient zumindest ungefähre Angaben machen können. Der Arzt hätte dann etwa den Nachweis erbringen können, in jener Zeit urlaubs- oder krankheitsbedingt gar nicht in der Praxis gewesen zu sein. Allein dadurch hätte er den behaupteten Behandlungskontakt widerlegen und eine Löschung der Bewertung durchsetzen können.

So können Sie also als negativ bewerteter Arzt dem Portal gegenüber bestreiten, dass der Bewertende überhaupt bei Ihnen in Behandlung gewesen ist und die Anforderung von Belegen und deren gegebenenfalls geschwärzte Übermittlung verlangen. Wenn das Portal das nicht kann oder nicht in dem vom Gericht verlangten Ausmaß will, ist die Bewertung zu löschen.

Ähnlich sieht es bei der Lehrerbewertung aus. Im Eingangsfall setzt sich die erste Bewertung allein mit Frau Knoches Unterrichtsstil und den Inhalten ihres Unterrichts auseinander. Hier wiegt die Meinungsfreiheit des bewertenden Schülers schwerer als das Recht der bewerteten Lehrerin auf korrekte Bewertungen – übrigens auch, wenn die Beurteilung gar keinen Namen nennt.

Die zweite Bewertung zielt allerdings auf Frau Knoche als Person. Dies muss sie nicht dulden, da hier ihr Persönlichkeitsrecht überwiegt.

IV. Checkliste

- ✓ Seien Sie als Nutzer von Bewertungsportalen skeptisch! Denken Sie daran, dass deren Betreiber anonyme Bewertungen nicht vorab prüfen müssen. Unsachliche Bewertungen werden deshalb oft nicht schon im Vorfeld ausgesiebt. Schenken Sie daher nicht jeder Bewertung absoluten Glauben.

- ✓ Achten Sie auf die Anzahl der Bewertungen. Liegen für eine Person oder ein Hotel nur wenige Bewertungen vor und sind diese weit überwiegend kritisch, kann es sich bei diesen eher um vorsätzliche Schlechtbewertungen aus eigennützigen oder schlicht böswilligen Motiven handeln. Nicht selten waren vielleicht missliebige Konkurrenten am Werk, oder – andersherum – es handelt sich bei Lobpreisungen um Gefälligkeitsbewertungen oder gar Eigenbewertungen. Erst eine gewisse Anzahl von Postings macht die Gesamtbewertung glaubwürdiger.

- ✓ Stoßen Sie als Betroffener, etwa als Arzt, auf eine Bewertung, von der Sie meinen, sie sei ungerechtfertigt und verletze Ihre Rechte, so wenden Sie sich an den Seitenbetreiber und verlangen Sie Belege. Damit verpflichten Sie ihn, die Rechtsverletzung zu überprüfen. Dann muss er sich an den Bewertenden wenden und diesen um Nachweise für seine Kritik bitten. Das wird häufig nicht gelingen, und dann muss die Bewertung schon aus Beweisgründen gelöscht werden.

Wurde besonders gravierend in Ihre Rechte eingegriffen, kann eine Gegendarstellung erforderlich sein.

Mittlerweile gibt es sogar Anwälte, die eigens auf das Vorgehen gegen unzulässige Bewertungen spezialisiert sind.

V. Nützliche Links und Paragraphen

- Anerkannte Lehrerbewertungs-Portale:
  - http://www.lehrerbewertung.schule/
  - http://www.schulbenotung.de/

- Anerkannte Arztbewertungs-Portale:
  - https://www.jameda.de/
  - https://www.weisse-liste.de/de/arzt/arztbewertung/

- Anerkannte Hotelbewertungs-Portale:
  - https://www.hotelbewertung.de/
  - https://www.holidaycheck.de/whr/hotelbewertungen

- Rechtsrat für Kläger gegen Falschbewertungen: www.falsch-bewertet.de
- Art. 1 Abs. 1 i.V.m. Art. 1 Abs. 1 GG; Art. 8 Abs. 1 EMRK (Schutz des Persönlichkeitsrechts)
- Art. 5 Abs. 1 GG; Art. 10 EMRK (Meinungsfreiheit)
- Art. 12 GG (Berufsfreiheit)
- §§ 823, 1004 BGB (Unterlassungsansprüche)
- § 29 Abs. 1 Nr. 1 BDSG

SPIELEN IM ÖFFENTLICHEN RAUM AM BEISPIEL POKÉMON GO

I. Einführung

Sie wandeln mit gesenktem Kopf durch den Alltag und starren dabei auf das Gerät in ihren Händen – solche Leute erregen schon länger nicht mehr unsere Aufmerksamkeit. Der Mensch und sein Smartphone sind mittlerweile zu einer symbiotischen Einheit verschmolzen. Der Anblick von Mitmenschen, die mit gesenktem Kopf durch die Stadt laufen, ist Teil des Alltags geworden, gesundheitliche Beeinträchtigungen aufgrund der damit verbundenen Fehlstellung des Nackens mittlerweile ein einträgliches Berufsfeld für Chiropraktiker.

Neu hingegen war ein Phänomen, das man vor ein, zwei Jahren beobachten konnte: Plötzlich waren auf öffentlichen Plätzen vermehrt Ansammlungen von Menschen in dieser Haltung anzutreffen, die alle das Gleiche suchten: Sie machten Jagd auf Pokémons!

II. Fall

In den späten Neunzigerjahren des letzten Jahrtausends lief im Fernsehen »Pokémon«, eine japanische Zeichentrickserie mit skurrilen kleinen Monstern. Bemerkenswert viele Jungs im vorpubertären Alter sammelten Spielkarten mit diesen drolligen Fabelwesen und ließen ihre Figuren so gegeneinander zum Kampf antreten. Nach wenigen Jahren war der Hype aber auch schon wieder vorbei, Pikachu, Glutexo und all ihre Weiterentwicklungen waren schnell wieder vergessen.

Bis Mitte 2016. Die Pokémons haben sich ihren Weg von den analogen Spielkarten und dem vorgestrigen TV-Gerät in die digitale Welt der Smartphones gebahnt und halten nun Jung und Alt auf Trab.

Mit eingeschalteter Smartphone-Kamera läuft der Spieler durch die reale Welt und sucht nach »Pokéstops«, den Stellen, wo sich Pokémons befinden – jedenfalls in der »Augmented Reality«, einer zweiten, digitalen Realität, die nur auf dem Display der Kamera angezeigt wird. Man steht also beispielsweise in Bremen vor den Bremer Stadtmusikanten. Während die Oma nebenan nur Esel, Hund, Katze und Hahn sieht, entdeckt der Pokémon-Jäger außerdem noch einen kleinen Pikachu am Fuße des Esels. Dieses Pokémon gilt es nun zu fangen. Je mehr solcher Wesen eingesammelt werden können, umso mehr Punkte gibt es und umso mehr Levels steigt man auf. In so genannten Arenen lassen mehrere Spieler ihre bereits gefangenen Pokémons gegeneinander antreten. Auch das bringt weitere Punkte und verkürzt den Weg in den Pokémon-Olymp.

Doch kein Spaß ohne rechtliche Bedenken. Gerade hat man sich darüber gefreut, dass die zunehmend dicker werdenden Stadtkinder nun endlich von der Couch klettern und zum Spielen nach draußen auf die Straße gehen, schon berichten die Feuilletons und Wirtschaftsseiten der großen Pressemedien von der Kehrseite: Pokémon-Jäger verursachen Verkehrsunfälle, scharen sich auf Friedhöfen und spazieren hochkonzentriert über frisch angelegte Gräber. Ansonsten pazifistisch veranlagte Jugendliche pirschen über einen Truppenübungsplatz der Bundeswehr und stören das traute Zusammensein der Soldaten. Und nicht zu vergessen: Die ganzen Daten, die dabei gesammelt werden, landen doch sicher bei der NSA!

Wo genau lauern nun all diese Probleme, und wie kann man ihnen aus dem Weg gehen, ohne den Pokémon-Thron aufzugeben? Zwar ist das Pokémon-Phänomen mittlerweile wieder abgeflacht, aber von einem darf man wohl ausgehen: Schon bald wird sich der nächste Hype ausbreiten; die rasant wachsende Gaming-Industrie wird bewusst und gezielt das nächste Spiel lancieren, welches nicht an der heimischen Konsole, sondern wiederum in der Öffentlichkeit stattfindet.

III. Rechtliche Grundlagen

Auf der Suche nach ihrer virtuellen Beute können Sie als Pokémon-Jäger über verschiedene rechtliche Problemfelder stolpern, die hier zu unterscheiden sind.

Zum einen geht es natürlich um den Datenschutz – dieses Thema wurde im vorherigen Kapitel ja schon eingehend erörtert. Hier soll auf zwei spezifische Fragen genauer eingegangen werden: Wie muss eine Datenschutzerklärung ausgestaltet sein, wenn man sie beispielsweise von einem Pokémon-Spieler per allgemeine Geschäftsbedingungen (AGB) einholen will? Und wie weit darf sie dann reichen?

Nicht jede Datenschutzerklärung, die ein Kunde per Mausklick abnickt, räumt dem Betreiber automatisch alle Rechte ein, die dieser sich damit versprechen lässt. Denn eine datenschutzrechtliche Einwilligung muss wirksam erklärt sein. Sie muss auf Ihrer freien Entscheidung beruhen und Sie umfassend aufklären.

Verlangt man von Ihnen, in einem einzigen Schritt, mit nur einem einzigen Klick, gleichzeitig der Datenschutzerklärung und dem Download des Spiels zuzustimmen? Ist die datenschutzrechtliche Einwilligung nicht besonders hervorgehoben? Dann ist sie jedenfalls unwirksam, und Sie wurden nicht umfassend datenschutzrechtlich aufgeklärt. Genauer gesagt: Hier steht nicht die Aufklärung im Vordergrund, sondern vielmehr der Vertragsschluss. Sie können sich in einem solchen Fall an eine Datenschutzbehörde oder Verbraucherschutzzentrale wenden. Letztere ist (nach dem Gesetz gegen unlauteren Wettbewerb) klagebefugt und darf – im Gegensatz zu Ihnen – die unwirksame datenschutzrechtliche Einwilligung gerichtlich geltend machen und auf Unterlassung klagen.

Im Fall der Pokémon-Jäger – und ihrer Nachfolger – tut sich aber zum anderen ein verwaltungs- und ordnungsrechtliches Problem auf, also ein Problem im Verhältnis vom Bürger zum Staat auf verwaltungsrechtlicher Ebene: Wenn Jäger durch ihr offenbar naturgegebenes Verhalten die »öffentliche Sicherheit und Ordnung« gefährden, kann oder muss sogar die Verwaltungsbehörde einschreiten und dem Spieler oder dem Betreiber einzelne Verhaltensweisen untersagen (im Besonderen handelt es sich je nach Bundesland um Polizei- oder Ordnungsrecht).

Unter der »öffentlichen Sicherheit« verstehen Juristen den Schutz der Rechte des Einzelnen, des Staates und seiner Einrichtungen sowie der gesamten Rechtsordnung. »Öffentliche Ordnung« meint die Gesamtheit der ungeschriebenen Regeln für das Verhalten des Einzelnen in der Öffentlichkeit, deren Beachtung nach den jeweils herrschenden Anschauungen als unerlässliche Voraussetzung eines geordneten staatsbürgerlichen Zusammenlebens betrachtet wird. Klingt abstrakt und kompliziert – und ist es auch. Wann genau nun die öffentliche Ordnung tatsächlich verletzt ist, ist Auslegungssache und wie so oft in der Juristerei von Fall zu Fall verschieden.

Die öffentliche Sicherheit und Ordnung sind jedenfalls in Gefahr, wenn Pokémon-Jäger Vorschriften des Straßenrechts und Straßenverkehrsrechts nicht beachten, oder wenn staatliche oder städtische Einrichtungen, wie zum Beispiel ein Friedhof oder ein Bundeswehrgelände, von Pokémon-Jägern auf störende Art und Weise betreten werden. Zudem können rechtliche Vorschriften verletzt werden, etwa die strafrechtliche Norm des Haus- oder Landfriedensbruchs oder der Störung der Totenruhe.

Sowohl staatliche als auch private Einrichtungen können dann (zum Teil unter bestimmten Beschränkungen) von ihrem Hausrecht Gebrauch machen und das Betreten zum Zweck des Spielens verbieten oder Verbotszonen ausweisen, in denen Sie als Pokémon-Jäger und Störer der öffentlichen Sicherheit oder Ordnung keine Zutrittsrechte haben, wenn sie dort durch Ihr Spiel eine Störung verursachen.

Man könne aber auch auf die Idee kommen, den eigentlichen Verursacher der Störungen zu greifen, nämlich den Spielhersteller. Der Anbieter ist bereits durch das bloße Anbieten des Spiels rechtlich gesehen ein so genannter »Zustandsstörer«, und zwar unabhängig von einem konkreten Verhalten. Entscheidend ist dabei die Frage, ob er Sie gewissermaßen angestiftet hat, sich so zu verhalten, wie Sie sich nun einmal verhalten, weil Sie zwanghaft spielend quasi gar nicht anders handeln konnten. Ob und ab wann das der Fall ist, lässt sich nicht immer leicht beantworten. Die Frage ist hier: Ab welchem Zeitpunkt musste der Spielehersteller wissen oder in Betracht ziehen, dass ein solcher Hype um sein Spiel entsteht? Musste er weiter damit rechnen, dass die Spieler im Jagdfieber möglicherweise Rechtsverletzungen begehen? Letztlich ist also streitig, ob das störende Ergebnis im Rechtssinne bezweckt oder zumindest objektiv vorhersehbar war.

Um verwaltungsrechtlich gegen Pokémon-Jäger und Co einschreiten zu können, muss ferner eine konkrete Gefahr bestehen. Davon ist immer dann auszugehen, wenn im Einzelfall für die öffentliche Sicherheit oder Ordnung mit hinreichender Wahrscheinlichkeit in naher Zukunft ein nicht nur unerheblicher Schaden droht. Schließlich müsste ein verwaltungsrechtliches Einschreiten gegen das Spiel verhältnismäßig sein. Der Grundsatz der Verhältnismäßigkeit, also die Wahrung von Mittel und Zweck, ist bei jedem Eingriff von staatlicher Seite unbedingt zu beachten. So dürfte etwa ein Polizeieinsatz gegen Spieler unverhältnismäßig sein.

Fraglich ist, ob Sie als Pokémon-Jäger oder die Spielehersteller auch strafrechtliche Probleme bekommen könnten. Voraussetzung wäre, dass Hersteller oder Spieler vorsätzlich oder zumindest fahrlässig agiert haben. Problematisch dabei: Der Spieler wähnt sich in einer virtuellen Welt und hat üblicherweise nicht vor, die reale Welt zu verletzen. Was aber, wenn der Jäger Zäune überwindet oder andere Menschen rabiat wegrempelt, um an seine Beute zu kommen? Spieltrieb hin oder her – ein derart rücksichtsloses Verhalten ist nicht erlaubt und kann strafbar sein. Das dürfte auch den Spieler nicht überraschen, also kann man einen – zumindest bedingten – Vorsatz durchaus annehmen.

Weiterhin stellen sich zivilrechtliche Haftungsprobleme. Wer haftet zum Beispiel bei einem Verkehrsunfall, wenn Sie – am Steuer – aufgrund der Pokémon-Jagd unkonzentriert waren? Klar, zunächst einmal der Unfallverursacher, also Sie bzw. vermutlich Ihre private Haftpflichtversicherung. Aber was, wenn Sie keine Privathaftpflicht haben und auch nicht genug Geld, um den Schaden aus eigener Tasche zu decken? Kann der Geschädigte sich dann am Betreiber des Spiels schadlos halten? Die meisten Betreiber derartiger Spiele sitzen im Ausland, im Fall Pokémon in den USA – welcher Gerichtsstand gilt dann, und welche Rechtsordnung ist anwendbar?

Unabhängig von der anwendbaren Rechtsordnung dürfte der Spielehersteller wohl mit dem Argument abgesichert sein, dass er nicht damit rechnen musste, dass selbstvergessene Spieler sich und andere in Gefahr bringen. Letztlich spielt jeder für sich und auf eigene Gefahr.

Aber: Handelt auch ein minderjähriger Spieler eigenverantwortlich? Eine interessante Frage, die sich bisher nicht gestellt hat. Vermutlich würden befasste Gerichte durchaus daran denken, eine Haftung des Herstellers für typischerweise vorhersehbare »Spielexzesse« anzunehmen. Zumindest müsste der Spielehersteller aufmerksam Presseberichte über Selbstgefährdungen der Spieler verfolgen und adäquat darauf reagieren, etwa durch eine »Spiele-Warnung«.

Schließlich gibt es noch das Problem des Persönlichkeitsrechts, der informationellen Selbstbestimmung und des Rechts am eigenen Bild. Alle drei sind miteinander verwoben.

Die Pokémon-Jagd funktioniert auf Basis einer Augmented-Reality-Software. Der Pokémon-Jäger muss nicht nur ständig seine GPS-Daten übermitteln – er muss auch seine Handykamera eingeschaltet lassen, will er seine Beute aufspüren. Doch was ist mit den Rechten unbeteiligter Fußgänger, die zufällig vor die Linse laufen und unfreiwillig fotografiert oder gefilmt werden?

Hier muss unterschieden werden, was mit den Bildern weiter geschieht. Verbleiben sie nur auf dem jeweiligen Handy? Oder werden sie automatisch an den Betreiber geschickt, der sie wiederum irgendwo abspeichert, um sie weiter zu nutzen? Sollten die Bilder tatsächlich beim Betreiber landen, mit dem der unbeteiligte und fotografierte Passant keinerlei Vertragsbeziehung hat, ist das Grundrecht auf informationelle Selbstbestimmung auf jeden Fall verletzt, außerdem liegt ein erheblicher Datenschutzverstoß vor.

IV. Checkliste

- ✓ Lesen Sie die Datenschutzerklärung eines Spiels genau durch. Überlegen Sie sich, ob Sie wirklich alle dort genannten Daten an den Betreiber weitergeben möchten. Er kann quasi immer sehen und speichern, wann Sie sich wo aufhalten, solange Ihre Kamera und Ihr GPS eingeschaltet sind.

- ✓ Achten Sie beim Spielen trotz aller Versuchungen auf Ihre Umwelt, insbesondere auf andere Menschen. Vergessen Sie nie, dass Sie sich trotz der Virtualität immer noch in der Realität befinden.

- ✓ Sollten Sie spielend einen Schaden an Gesundheit oder Eigentum Dritter verursacht haben, müssen sie sich den Fragen Ihrer Haftpflichtversicherung stellen. Für Ihre Versicherung besteht kein Haftungsfall, also auch keine Erstattungspflicht, sollte der Unfall sich tatsächlich aufgrund Ihrer Ablenkung durch das Spiel zugetragen haben.

V. Nützliche Links und Paragraphen

- https://www.pokemon.com/de/pokemon-onlinespiele/
- § 4a BDSG
- §§ 3, 7 UWG
- Polizei- und Ordnungsgesetze der Länder
- §§ 123, 229 StGB (Hausfriedensbruch, fahrlässige Körperverletzung)
- § 823 BGB
- Art. 1 Abs. 1 i.V.m. Art. 2 Abs. 1 GG

UMGANG MIT »HATE-SPEECH« – ACCOUNT-SPERREN IN SOZIALEN NETZWERKEN

I. Einführung

Über Facebook, Twitter und Co. gehen Nachrichten in Sekunden um die Welt. Wie uns spätestens der nunmehrige US-Präsident mit seinen mehr als 47 Millionen Followern bewiesen hat, scheinen inhaltlich keine Grenzen gesetzt zu sein – obwohl die Botschaften nur 280 (früher sogar nur 140) Zeichen umfassen.

Doch welche rechtlichen Grenzen müssen Sie beim Tweeten und Posten beachten? Was ist erlaubt, was ist nicht erlaubt? In welchen Fällen können soziale Netzwerke einen Nutzer-Account sperren oder löschen?

II. Fall

»@ariannahuff is unattractive both inside and out. I fully understand why her former husband left her for a man – he made a good decision.« (Donald Trump, August 2012)

»If Hillary Clinton can't satisfy her husband what makes her think she can satisfy America?« (Donald Trump, April 2015)

»Why can't Mexicans be more like Asians? Less rape, more computers!« (Donald Trump, März 2016)

Herabwürdigende Twitter-Kommentare wie die des späteren US-Präsidenten finden sich zu Abertausenden in den sozialen Netzwerken. Oftmals geht es noch deutlich beleidigender und unkorrekter zu. Die sozialen Netzwerke selbst sehen sich als politisch neutral. Nach ihrer ursprünglichen Auffassung stellen sie lediglich eine Plattform zur Verfügung, auf welcher jeder Nutzer seine Meinung verbreiten kann. Zensur sei jedenfalls nicht ihre Aufgabe.

Einerseits ist das zu begrüßen. Jeder weiß, welche Folgen die Einschränkung der Meinungsfreiheit hatte und auch heute noch hat. Dies ist nicht nur ein Phänomen der Vergangenheit. Wer heute beispielsweise in Ungarn, Polen, Russland oder in der Türkei lebt, ahnt, welche Auswirkungen es haben kann, wenn persönliche Meinungen aufgrund staatlicher Eingriffe nur eingeschränkt ausgedrückt werden können.

Andererseits fragt man sich: Sollte es nicht doch für weltweite wirkungsmächtige Plattformen wie Facebook und Twitter sowie andere virtuelle Treffpunkte Grenzen bei der hier möglichen, scheinbar grenzenlosen Meinungskundgabe geben?

Wie wäre beispielsweise der amerikanische Wahlkampf ausgegangen, hätte Donald Trump diesen nicht maßgeblich über Twitter betrieben? Zumal oftmals Grenzen überschritten werden – nicht nur moralische und sittliche, sondern nicht selten auch rechtliche.

Welche Regeln gelten nun für Facebook und Twitter, und wie gehen diese gegen unzulässige Kommentare vor, und wann werden sozusagen als letztes Mittel ganze Accounts gesperrt oder gelöscht?

III. Rechtliche Grundlagen

Bei den Phänomenen Facebook und Twitter zeigt sich, wie vergleichsweise lange die Rechtsordnung doch braucht, um auf neue Herausforderungen im digitalen Zeitalter zu reagieren. Obwohl mittlerweile (Stand 2017) weltweit 1,9 Milliarden Menschen Facebook und 328 Millionen Menschen Twitter aktiv nutzen, wird deren Benutzung nicht etwa durch nationale oder internationale Gesetze, sondern weitgehend durch die Nutzungsbedingungen der Betreiber reglementiert.

Erst allmählich setzt sich weltweit die Erkenntnis durch, dass es hier eingehender gesetzlicher Regelungen bedarf. Gesetze sind meist Sache der nationalen Politik. In Deutschland wurde lange das so genannte »Netzwerkdurchsetzungsgesetz« diskutiert, durch das Rechte und Pflichten von sozialen Netzwerken näher definiert werden sollen. Mittlerweile ist es in Kraft getreten, die Auswirkungen lassen sich derzeit aber noch nicht abschätzen.

Bislang haben deshalb neben den meist nicht darauf zugeschnittenen allgemeinen Gesetzen die jeweiligen Nutzungsbedingungen immer noch die größte Relevanz für die Frage, was ist im Netz erlaubt und was nicht.

Verstoß gegen Recht und Gesetz

Selbstverständlich dürfen Posts und Tweets keinen strafbaren Inhalt haben. Ab wann ein Posting oder Tweet zumindest nach dem deutschen Recht als strafbar anzusehen ist, richtet sich nach den einschlägigen Vorschriften des Strafgesetzbuches.

Das können zum einen die Beleidigungsdelikte[3] sein. Dazu zählt die Beleidigung an sich (das ist die Kundgabe der Missachtung oder Nichtachtung einer anderen Person oder eines abgrenzbaren Personenkreises), die üble Nachrede, sowie die Verleumdung.

Üble Nachrede meint die Behauptung oder Verbreitung von Tatsachen, die in Beziehung auf einen anderen geäußert werden und die geeignet sind, denselben verächtlich zu machen oder in der öffentlichen Meinung herabzuwürdigen, wenn diese Tatsache erweislich nicht wahr ist.

Verleumdung bedeutet im deutschen Strafrecht, dass jemand über eine Person ehrverletzende Behauptungen aufstellt, obwohl dieser weiß, dass die Behauptungen unwahr sind. Der Unterschied zwischen übler Nachrede und Verleumdung ist also die Nicht-Nachweisbarkeit der behaupteten Tatsache.

Aber das sind juristische Feinheiten. Was Sie interessieren sollte: Es geht immer jeweils um die Ehre, und diese gilt es zu achten.

Durch Meinungsäußerungen im Netz kann auch der Tatbestand der Volksverhetzung[4] erfüllt sein. Dieser ist recht komplex und sehr umstritten, da er das hohe Gut der Meinungsfreiheit einschränkt. Die überwiegende Meinung unter Rechtsexperten sieht die Existenz dieser Einschränkung aber als richtig an, da sie dem Schutz des öffentlichen Friedens und der Menschenwürde diene, die durch Vollendung der beschriebenen Tatbestände verletzt werde, und die Meinungsfreiheit gleichsam durch den Schutz des öffentlichen Friedens nur reflexiv betroffen sei.

Was danach also verboten ist – um wieder zu unserem Fall zurückzukehren – ist, um es mit den alles andere als leicht verständlichen Worten des Gesetzgebers auszudrücken,

> *gegen eine nationale, rassische, religiöse oder durch ihre ethnische Herkunft bestimmte Gruppe, gegen Teile der Bevölkerung oder gegen einen Einzelnen wegen seiner Zugehörigkeit zu einer vorbezeichneten Gruppe oder zu einem Teil der Bevölkerung zum Hass aufzustacheln, zu Gewalt- oder Willkürmaßnahmen aufzufordern oder die Menschenwürde anderer dadurch anzugreifen, dass man eine vorbezeichnete Gruppe, Teile der Bevölkerung oder einen Einzelnen wegen seiner Zugehörigkeit zu einer vorbezeichneten Gruppe oder zu einem Teil der Bevölkerung beschimpft, böswillig verächtlich macht oder verleumdet.*

Es ist ebenfalls verboten, per Tweet oder Post die Urheberrechte Dritter zu verletzen. An Texten, Fotos, Filmen oder Zeichnungen hat deren Schöpfer, also quasi deren »Erfinder«, ein Urheberrecht. Voraussetzung ist nur, dass diese Inhalte ein gewisses Maß an Originalität aufweisen, also eine gewisse »Schöpfungshöhe« haben. Urheberrechte entstehen bereits kraft Schöpfung. Man muss diese Rechte nicht, wie etwa Marken und Warenzeichen oder technische

Patente, in einem öffentlichen Register eintragen. Der Schöpfer urheberrechtlich geschützter Inhalte alleine kann darüber befinden, wer die von ihm geschaffenen Inhalte wie und zu welchen Bedingungen und (auch finanziellen) Konditionen nutzen darf. Jeder Dritte, der unbefugt und ohne Zustimmung des Urhebers fremde Inhalte verwendet, setzt sich nicht nur Unterlassungsansprüchen des Berechtigten aus, sondern auch der strafrechtlichen Verfolgung durch die Staatsanwaltschaft.

Verbreiten Sie also über Facebook oder Twitter Hass-Kommentare, die einen strafbaren Inhalt haben, oder verwenden Sie fremde Inhalte und verletzen dadurch fremde Rechte, und sei es nur ein süßes Katzenvideo, das weder Sie selbst gedreht haben noch von einer zur freien Verwendung bestimmten Quelle stammt, verstoßen Sie gegen Gesetze und machen sich strafbar. Geldstrafen in Höhe nicht weniger Monatsgehälter sind keine Seltenheit. Im Wiederholungsfall sowie in schweren Fällen drohen sogar Freiheitsstrafen.

Zusätzlich verstoßen Sie damit meist auch gegen die jeweiligen Nutzungsbedingungen (dazu gleich nachfolgend).

Deshalb riskieren Sie, dass der jeweilige Inhalt gelöscht und sogar Ihr Account gesperrt wird. Letzteres trifft manche User fast noch empfindlicher als »bloße« staatliche Strafen.

Zu trauriger Berühmtheit kam so der einstmals nur durch seine Katzenkrimis, dann aber auch durch einen Pegida-Auftritt bekannte Schriftsteller Akif Pirinçci. Immer wieder sperrte ihm Facebook wegen unflätiger Postings den Account, worüber er sich dann via Twitter beschwerte. So schrieb er noch im September 2017:

»Was ist denn mit Facebook los? Ich werde überhaupt nicht mehr gesperrt. Ich schwöre, ich habe keine Fäkal-Spruch-Verzichtserklärung an [den Justizminister] Heiko Maas geschrieben. Wie stehe ich als Facebook-Rebell denn jetzt da? Dauert nicht mehr lange und niemand nimmt mich mehr ernst.«

Verstoß gegen die Nutzungsbedingungen

Facebook legt großen Wert auf Einhaltung seiner so genannten Gemeinschaftsstandards und teilt dazu mit[5]:

»Wir möchten, dass sich die Menschen sicher fühlen, wenn sie Facebook verwenden. Aus diesem Grund haben wir eine Reihe von Gemeinschaftsstandards ausgearbeitet, die nachfolgend dargelegt werden. In diesen Richtlinien wird dir vermittelt, welche Inhalte auf Facebook geteilt werden können und welche uns unter Umständen gemeldet und von uns entfernt werden müssen. Angesichts dieser Vielfalt, die unsere globale Gemeinschaft kennzeichnet, solltest du beachten, dass Inhalte, die auf dich möglicherweise unangenehm oder störend wirken, nicht unbedingt gegen unsere Gemeinschaftsstandards verstoßen.«[6]

Einen Verstoß gegen jene Gemeinschaftsstandards können demnach Posts mit folgenden Inhalten darstellen:

- direkte Bedrohungen der öffentlichen und persönlichen Sicherheit, so etwa durch Gewaltandrohung gegen Personen, Ankündigung von Vandalismus oder Vermögensdelikten

- Aufrufe zu Selbsttötungen oder Selbstverletzungen

- Unterstützung, Billigung oder Huldigung von terroristischen Aktivitäten oder organisierter Kriminalität

- absichtliches Herabwürdigen oder Beschämung von Privatpersonen, etwa durch (insbesondere manipulierte) Fotos oder Videos. Dazu kann auch gehören, Personen durch unerwünschte Freundschaftsanfragen oder Nachrichten zu belästigen. Als »Privatperson« gilt nur, wer nicht aufgrund seiner Aktivitäten oder Berufs in den Nachrichten Thema ist oder sonst im öffentlichen Interesse steht.

- glaubhafte Drohungen sowie Hassbotschaften, die sich an Personen des öffentlichen Lebens richten. Allerdings sind »offene und kritische Diskussionen um Personen erlaubt, die aufgrund ihres Berufs oder ihrer Aktivitäten in den Nachrichten Thema sind oder über eine große öffentliche Zielgruppe verfügen«. Demnach wären zumindest nach Facebook-Standards möglicherweise die eingangs zitierten Tweets von Donald Trump zulässig, da er sich mit Personen des öffentlichen Lebens befasst hat. Vorstellbar ist, dass Facebook und Co. mit solchen Fällen besonders großzügig umgehen, haben sie doch ein kommerzielles Interesse an Posts, die die Communitys polarisieren und derartig zahlreiche Reaktionen provozieren. Twitter-Verantwortliche teilten auf Beschwerden von Nutzern, Trumps Tweets wie etwa die Quasi-Kriegserklärungen gegen Nordkorea verstießen gegen die Twitter-Nutzungsregeln, ausdrücklich mit, dass sie Trump niemals sperren würden[7]: Seine Tweets hätten Nachrichtenwert und würden die Menschen über das informieren, was in der Welt vorgeht. Eine nicht unerhebliche Rolle dürfte dabei aber auch spielen, dass der amerikanische Präsident mittlerweile wohl Twitters bester Werbeträger ist. Ganze Heerscharen von Journalisten warten auf Trumps meist frühmorgendliche Twitter-Botschaften, um sie dann auf ihre Bedeutung für die Weltpolitik hin zu zitieren und zu analysieren. Daneben erzeugt jeder einzelne seiner Tweets – mittlerweile hat er mehr als 36500 von ihnen versendet – erheblichen »Traffic«, und viel »Traffic« bedeutet viel Umsatz für die sozialen Netzwerke. Facebook-Gründer Mark Zuckerberg sieht das ähnlich unbeteiligt und wird von SPIEGEL-Online[8] wie folgt zitiert: »Trump sagt, Facebook ist gegen ihn. Liberale sagen, wir haben Trump geholfen. Beide Seiten regen sich über Dinge auf, die ihnen nicht gefallen«, schrieb der Manager, und betonte dann, das Netzwerk sei eben Kanal für Inhalte jeder Art: »So ist das, wenn man eine Plattform für alle Ideen betreibt.«

- Nutzen von Facebook zur Förderung oder Organisation krimineller Aktivitäten, bei denen Personen, Unternehmen oder Tieren Schaden zugefügt wird. Untersagt ist es auch, so Facebook in einer seltsamen Formulierung, »begangene kriminelle Aktivitäten zu zelebrieren«. Gestattet hingegen ist es, und man kann sich vorstellen, wie schwer im Einzelfall die Abgrenzung ist, »über die Rechtmäßigkeit krimineller Aktivitäten zu diskutieren oder diese zu verteidigen und sie auf humoristische oder satirische Art und Weise zu beleuchten«.

- Von Facebook nicht toleriert werden »Versuche von Privatpersonen, verschreibungspflichtige Medikamente, Marihuana, Schusswaffen oder Munition zu kaufen, zu verkaufen oder damit zu handeln«. Allerdings erlaubt Facebook, »wenn du ein Angebot zum Kauf bzw. Verkauf von Alkohol, Tabakwaren und Produkten für Erwachsene postest«. Dann erwartet Facebook nur, dass »du sämtliche geltenden Gesetze einhältst und die Zielgruppe für solche Inhalte sorgfältig prüfst«. Da Facebook bekanntlich keine Landesgrenzen kennt, wären das im Zweifel alle Gesetze dieser Erde und die Zielgruppe alle Menschen. Auch hier sieht man: »Traffic« dürfte bei Facebook im Zweifel über alles gehen.

- Überaus kompliziert gestalten sich die Facebook-Regeln zum Umgang mit Sexualität. Relativ klar positioniert Facebook sich gegen »Inhalte, die mit sexueller Gewalt oder Ausbeutung drohen oder diese unterstützen«. Diese zu Recht problematischen Begriffe legt Facebook weit aus und toleriert in keiner Weise »gefilmte sexuelle Aktivitäten«, insbesondere nicht das Teilen intimer Bilder etwa aus Rache oder sonst ohne Zustimmung der darin Abgebildeten oder das Anbieten sexueller Dienstleistungen aller Art.

- Facebook ist aber auch generell kein Freund von Nacktheit und widmet sich dem Thema besonders ausführlich. In den Facebook-Standards steht dazu wörtlich: »Manchmal teilen Personen Inhalte mit Nacktdarstellungen, beispielsweise im Rahmen von Kunstprojekten oder Kampagnen, um das Bewusstsein für ein bestimmtes Problem zu erhöhen. Facebook schränkt die Darstellung von Nacktheit ein, da einige Zielgruppen innerhalb unserer globalen Gemeinschaft auf diese Arten von Inhalten unter Umständen sensibel reagieren können, insbesondere aufgrund ihres kulturellen Hintergrunds oder Alters. Um alle Menschen fair zu behandeln und auf Meldungen schnell zu reagieren, ist es absolut notwendig, Richtlinien in Kraft zu setzen, die unsere globale Gemeinschaft beim Prüfen von Inhalten einheitlich und problemlos anwenden kann. Deshalb sind unsere Richtlinien manchmal breiter gefasst, als uns lieb wäre, und beschränken unter Umständen Inhalte, die aus legitimen Gründen geteilt wurden. Wir arbeiten stetig daran, diese Inhalte besser einschätzen zu können und unsere Richtlinien durchzusetzen. Wir entfernen Fotos von Personen, auf denen Genitalien oder vollständig entblößte Pobacken zu sehen sind. Außerdem beschränken wir Bilder mit weiblichen Brüsten, wenn darauf Brustwarzen zu sehen sind. Fotos von Frauen, die beim Stillen oder mit Vernarbungen aufgrund von Brustamputationen gezeigt werden, sind jedoch in jedem Fall erlaubt. Außerdem sind Fotos von Gemälden, Skulpturen und anderen Kunstformen erlaubt, die nackte Figuren zeigen. Einschränkungen zur Darstellung von Nacktheit oder sexuellen Handlungen gelten auch für digital erstellte Inhalte, es sei denn, die Inhalte wurden zu Bildungszwecken gepostet, oder es handelt sich um humorvolle oder satirische Darstellungen.

Explizite Bilder, die Geschlechtsverkehr zeigen, sind verboten. Außerdem können Beschreibungen von sexuellen Handlungen entfernt werden, die überaus anschaulich beschrieben werden.«

- Insbesondere bei Hassbotschaften ist Facebook sehr streng: »Facebook toleriert keine so genannten Hassbotschaften. Darunter versteht Facebook Posts, die Personen aufgrund folgender Eigenschaften direkt angreifen:
  - Rasse
  - ethnische Zugehörigkeit
  - nationale Herkunft
  - religiöse Zugehörigkeit
  - sexuelle Orientierung
  - Geschlecht
  - schwere Behinderungen oder Krankheiten

»Die Präsenz von Organisationen und Personen, die Hass gegen diese geschützten Gruppen schüren, ist auf Facebook nicht zulässig. Wie bei allen unseren Standards vertrauen wir darauf, dass unsere Gemeinschaft uns entsprechende Inhalte meldet. Personen können Facebook nutzen, um Ideen, Institutionen und Gepflogenheiten zu hinterfragen. Nur so können Diskussionen und mehr Verständnis füreinander gefördert werden. Manchmal teilen Menschen Inhalte, die Hassbotschaften anderer Personen enthalten, um das Bewusstsein für ein bestimmtes Thema zu erhöhen oder andere über solche Hassbotschaften aufzuklären. In einem solchen Fall erwarten wir, dass diese Personen ihr Ziel eindeutig vermitteln, sodass wir besser verstehen können, weshalb sie diese Inhalte geteilt haben.«

Aber auch hier bleiben Abgrenzungsfragen. Denn, so Facebook weiter:

»Humor, Satire oder soziale Kommentare zu diesen Themen sind zulässig. Wir sind der Ansicht, dass Personen – wenn sie ihre wahren Identitäten verwenden – eine größere Verantwortung beim Teilen dieser Art von Kommentaren zeigen. Aus diesem Grund möchten wir Seiteninhaber bitten, ihren Namen und ihr Facebook-Profil mit sensiblen Inhalten zu verknüpfen, auch wenn diese nicht gegen unsere Richtlinien verstoßen. Wie immer verlangen wir, dass Personen beim Teilen solcher Inhalte stets ihre Zielgruppe berücksichtigen.«

Immerhin gibt es bei diesem sensiblen Thema ein spezielles Tool:

»Zwar bemühen wir uns sehr, Hassbotschaften zu entfernen. Wir stellen dir aber auch Funktionen zur Verfügung, um geschmacklose (und häufig beleidigende) Inhalte zu vermeiden. [...] Du kannst Facebook auch nutzen, um auf etwas aufmerksam zu machen und um die Gemeinschaft in deiner Nähe aufzuklären. Gegenargumente in Form von genauen Informationen und anderen Sichtweisen können zu einer sichereren und respektvolleren Umgebung beitragen.«

- Inhalte, die gegen fremdes Urheberrecht oder Markenrecht verstoßen, erlaubt Facebook ebenfalls nicht. Facebooks »Info zum geistigen Eigentum«[9] stellt klar, dass Facebook »das Posten von Inhalten« verbietet, »die gegen geistige Eigentumsrechte anderer Personen, einschließlich Urheber- und Markenrechte, verstoßen«.

Hate Speech

Was versteht man unter »Hate Speech«? Eine feste Definition des Begriffs gibt es nicht. Mittlerweile hat sich deshalb sogar das Justizministerium veranlasst gesehen, eine Definition zu verfassen: Gemeint sind demnach ganz allgemein Meinungsäußerungen, die bestimmte Personen oder Personengruppen herabsetzen und verunglimpfen sollen. In der politischen Debatte geht es nur um solche Formen von Hate Speech, die gegen Gesetze verstoßen, insbesondere gegen Paragraphen des Strafgesetzbuchs (StGB). Ein Beispiel ist § 130 des Strafgesetzbuchs (Volksverhetzung). Diese Vorschrift verbietet es, zum Hass gegen eine nationale, rassische, religiöse oder durch ihre ethnische Herkunft bestimmte Gruppe, gegen Teile der Bevölkerung oder gegen einen Einzelnen wegen seiner Zugehörigkeit zu einer solchen Gruppe aufzustacheln oder zu Gewalt gegen sie aufzufordern. Außerdem ist danach unter bestimmten Umständen die Leugnung des Holocaust strafbar.

Die Bundesregierung sah sich angesichts der »ausufernden Hasskriminalität im Netz« gezwungen, einzugreifen. Wie eingangs schon erwähnt, hat der Bundestag im Sommer 2017 ein Gesetz gegen Hasskriminalität im Internet beschlossen. Es trägt, wie oben schon erwähnt, den offiziellen Namen »Netzwerkdurchsetzungsgesetz«.

Online-Netzwerke wie Facebook, Twitter und YouTube sollen

demnach »offenkundig strafbare Inhalte« binnen 24 Stunden nach dem Hinweis darauf löschen. Bei weniger eindeutigen Fällen ist eine Frist von sieben Tagen vorgesehen.

Bei systematischen Verstößen gegen die Vorgaben drohen Strafen von bis zu 50 Millionen Euro. Kritiker sehen dies als Grundproblem des Gesetzes an, weil darin die Gefahr liege, dass im Zweifelsfall auch rechtmäßige Äußerungen gelöscht würden, um einem Bußgeld zu entgehen. Dies schränke die grundgesetzlich geschützte Meinungsfreiheit massiv ein.

Erste Erfahrungen zeigen, dass Facebook eher übereifrig löscht; so wurde ein Tweet des Satiremagazins Titanic entfernt. Es bleibt abzuwarten, ob sich der Umgang der Plattformen mit Hasskommentaren wirklich verändern wird.

Bislang reagiert Facebook auf Verstöße gegen deren Gemeinschaftsstandards wie folgt:

»Wenn Inhalte gegen die hier ausgeführten Gemeinschaftsstandards verstoßen, ergreifen wir möglicherweise entsprechende Maßnahmen.«

»Wir können Seiteninhaber auffordern, ihren Namen und ihr Facebook-Profil nicht mit einer Seite zu verknüpfen, die grausame und taktlose Inhalte enthält, auch wenn diese Inhalte nicht gegen unsere Richtlinien verstoßen.«

»Das Melden von Inhalten garantiert nicht, dass diese Inhalte entfernt werden, da sie möglicherweise nicht gegen unsere Richtlinien verstoßen.«

Allerdings schränkt Facebook dies sogleich wieder ein:

»Nicht alle unangenehmen oder störenden Inhalte verstoßen gegen unsere Gemeinschaftsstandards. Aus diesem Grund bieten wir dir die Möglichkeit an, die Inhalte, die du siehst, anzupassen und zu kontrollieren. So kannst du für Beiträge, Personen, Seiten und Apps, die du nicht sehen möchtest, die Abonnements beenden, musst ihnen nicht mehr folgen oder kannst sie blockieren und verbergen – und wir empfehlen dir, diese Kontrollmöglichkeiten einzusetzen, um dein Nutzererlebnis auf Facebook noch mehr zu personalisieren.«

Wie man sieht, räumt sich Facebook nach seinen Nutzungsbedingungen große Freiheit ein, wie man dort auf Meldungen wegen möglicherweise unzulässiger Post reagiert.

Bei Twitter gelten vergleichbare Regeln[10]:

»Um die Dienstleistung von Twitter bereitzustellen und es zu ermöglichen, mit anderen zu kommunizieren und verbunden zu bleiben, gibt es einige Einschränkungen zum Inhalt, der auf Twitter veröffentlicht wird.«

- Marken: Wir behalten uns das Recht vor, Nutzernamen einzufordern, wenn wir von Firmen oder Personen kontaktiert werden, die einen Rechtsanspruch auf diese Nutzernamen haben oder deren Marke diesen Nutzernamen entspricht. Accounts, die Namen und/oder Logos von Firmen mit dem

Ziel verwenden, andere zu täuschen, werden ggf. dauerhaft gesperrt.

- Urheberrecht: Wir reagieren auf eindeutige und vollständige Hinweise von angeblichen Urheberrechtsverletzungen. Die Schritte, die wir bei Urheberrechtsverletzungen einleiten, sind in den allgemeinen Geschäftsbedingungen beschrieben.

- Grafischer Inhalt: Der Gebrauch von pornografischen oder exzessiv gewaltdarstellenden Medien als Ihr Profil- oder Kopfzeilenbild ist nicht erlaubt. Twitter kann einige Arten grafischer Inhalte in Tweets erlauben, die als sensible Medien gekennzeichnet sind. Wenn Inhalt die Linie zu unnötigen Bildern des Todes überschreitet, kann Twitter Sie bitten, den Inhalt aus Respekt vor den Verstorbenen zu entfernen.

- Rechtswidrige Nutzung: Sie dürfen unseren Service nicht für rechtswidrige Zwecke oder zur Förderung von illegalen Aktivitäten verwenden. Alle internationalen Nutzer verpflichten sich dazu, alle geltenden nationalen Gesetze und Bestimmungen zu respektieren, die sich auf das Online-Verhalten von Nutzern und die Auswahl zulässiger Inhalte beziehen.

- Missbrauch von Twitter-Kennzeichen: Sie dürfen keine Kennzeichen verwenden, darin eingeschlossen, jedoch nicht beschränkt auf die Twitter Kennzeichen »Gesponsert« oder »Verifiziert«, es sei denn, diese werden Ihnen von Twitter bereitgestellt. Accounts, die diese Kennzeichen in ihre Profil-

oder Kopfzeilenbilder integrieren oder sie derart verwenden, dass fälschlicherweise ein Bezug zu Twitter hergestellt wird, werden ggf. gesperrt.

Angenommen, Sie sind nicht Donald Trump: Was können Sie tun, wenn jemand in einem sozialen Netzwerk auf eines Ihrer Postings reagiert, es als beleidigend oder volksverhetzend empfindet und daraufhin per Meldung veranlasst, dass Ihr Account gesperrt wird? Zunächst sollten Sie sich – sofern Sie anderer Ansicht sind – an das jeweilige soziale Netzwerk wenden und mitteilen, dass die Sperrung oder Nutzung Ihres Kontos ohne sachlichen Grund erfolgte und Sie sich stets den Gemeinschaftsstandards entsprechend verhalten haben (was auch sonst!).

Nach den Nutzungsbedingungen haben Sie einen Anspruch auf umgehende Freischaltung, wenn Sie sich nichts zuschulden haben kommen lassen.

Dieser Anspruch ist auch gerichtlich durchsetzbar. Klagen gegen kurzfristige oder dauerhafte Account-Sperrungen jedenfalls häufen sich. Mitunter reicht auch schon die bloße Klageandrohung[11], am wirksamsten ist es sicher, diese öffentlich und via Anwalt vorzubringen, zu richten gegen Facebook Ireland Ltd., denn dort hat Facebook Deutschland aus steuerlichen Gründen seinen Sitz. Wenn der Fall klar ist und Facebook öffentliches Aufsehen vermeiden will, lenkt es rasch ein und entsperrt das Konto.

Twitter erklärt ebenfalls in seinen Nutzungsbedingungen, wann eine Sperrung oder Löschung erfolgen kann:

»Wir können Ihre Accounts sperren oder kündigen oder Ihnen

die Bereitstellung der Dienste jederzeit aus beliebigem Grund ganz oder teilweise verwehren, insbesondere, wenn wir Grund zu der Annahme haben, dass:

- Sie gegen die vorliegenden Bedingungen oder die Twitter-Regeln verstoßen haben,
- Sie für uns eine Gefahr oder ein mögliches rechtliches Risiko darstellen oder
- Ihr Account aufgrund von längerer Inaktivität entfernt werden sollte oder weil
- es wirtschaftlich nicht mehr vertretbar ist, Ihnen die Dienste bereitzustellen. […]«

Die Voraussetzungen dafür sind ähnlich wie bei Facebook, weshalb auf nähere Details verzichtet werden kann.

IV. Checkliste

✓ Facebook und Twitter sind kein rechtsfreier Raum. Auch hier gilt Recht und Gesetz. Andere Leute unsachlich herabzuwürdigen gehört sich online ebenso wenig wie offline.

✓ Halten Sie sich an die jeweiligen Nutzungsbedingungen.

✓ Wenn Sie bei Postings einen Verstoß feststellen, wenden Sie sich an die zuständigen Stellen. In besonders schweren Fällen mit strafrechtlicher Relevanz stellen Sie Strafanzeige bei der nächstgelegenen Polizeidienststelle. Das ist auch online möglich.

✓ Wurde Ihr Account gesperrt oder gelöscht, wenden Sie sich, notfalls mit anwaltlicher Hilfe, an Facebook oder Twitter.

V. Nützliche Links und Paragraphen

- Die jeweiligen Nutzungsbedingungen der sozialen Netzwerke.
- Empfohlenes Vorgehen gegen Hate-Speech bei Facebook: https://de-de.facebook.com/help/212722115425932?helpref=faq_content
- §§ 185, 186, 187 StGB (Ehrverletzungsdelikte)
- § 130 Abs. 1 StGB (Volksverhetzung)

KAPITEL 2

URHEBERRECHTE UND MARKENRECHTE

FREMDE TEXTE IN EIGENEN BEITRÄGEN

I. Einführung

Content is king – was zählt, sind die Inhalte. Das gilt nicht nur für Unternehmen, das gilt auch für Privatpersonen. Nur wer etwas Originelles posten kann, sei es auf Twitter, auf Instagram oder Facebook, fällt auf, gewinnt Follower. Nur so kann Aufmerksamkeit generiert werden. Was aber, wenn einem nichts Eigenes einfällt? Darf man sich einfach so an fremden Texten, Fotos, Videos, Songs oder sonstigen Inhalten bedienen?

II. Fall

Eine Internetseite, die kurze Aussprüche bekannter Zeitgenossen zusammenstellte und veröffentlichte, nutzte unter anderem auch diesen Satz des Münchner Komikers Karl Valentin:

»Mögen hätte ich schon wollen, aber dürfen hab ich mich nicht getraut.«

Dagegen gingen Valentins Erben vor. Sie sahen Valentins Urheberrechte verletzt. Der Zitatseiten-Betreiber sah das anders: Der Text sei so kurz, dass ihn jeder frei nutzen dürfe. Der Fall wurde dem Landgericht München vorgelegt.

III. Rechtliche Grundlagen

Fremde Texte, die urheberrechtlich geschützt sind, dürfen Sie selbstverständlich nicht von anderen übernehmen, etwa von fremden Homepages kopieren. Dies verstößt gegen den urheberrechtlichen Grundsatz, dass jeder Urheber alleine entscheiden darf, wie, wo und wann seine Schöpfungen veröffentlicht werden. Möchten Sie dennoch einen fremden Text auf Ihrer eigenen Homepage verwenden, müssen Sie also üblicherweise den Urheber um Erlaubnis fragen. Das Urheberrecht selbst ist in Deutschland nicht übertragbar, der Urheber kann Ihnen aber ein Urhebernutzungsrecht einräumen.

Das setzt aber voraus, dass ein fremder Text auch wirklich geschützt ist. Ein Text ist dann, wie jeder andere Kreativinhalt auch, nach dem Urheberrechtsgesetz zugunsten seines »Erfinders« geschützt und darf nur von diesem oder den von ihm Autorisierten genutzt werden, wenn er eine persönlich-geistige Schöpfung darstellt und eine bestimmte Gestaltungshöhe erreicht – umgangssprachlich: originell ist. Wenn das der Fall ist, reicht die bloße Schöpfung.

Es gibt in Deutschland kein Urheberrechtsregister. Anders etwa als bei technischen Erfindungen, die durch Patente geschützt sind, findet also keine behördliche Prüfung oder Anmeldung statt. Man muss einen Text nicht einmal veröffentlichen, damit er Urheberrechtsschutz genießen kann, er wird bereits durch den bloßen Vorgang der Schöpfung geschützt. Allerdings muss derjenige, der Urheberrechtsschutz für einen nie veröffentlichten Text reklamiert, beweisen, wann er diesen zum ersten Mal formuliert hat.

Sollte das der Fall sein, dann darf niemand den Inhalt ohne Zustimmung seines Erfinders verwenden. Wer gegen dieses Gebot verstößt und ohne Zustimmung fremde Inhalte verwendet, riskiert ein Verbot, Schadensersatzzahlungen und bei besonders schwerwiegenden Fällen sogar strafrechtliche Verfolgung. Der Strafrahmen reicht von Geldstrafe bis hin zur Freiheitsstrafe bis drei Jahre.

Wann aber liegt die erforderliche Originalität vor?

Wie stets antwortet der Jurist auch hier: »Es kommt darauf an.« Darauf nämlich, wie kreativ der Text ist. Ausnahmsweise reicht dann schon ein Wort. So hatte das Kammergericht Berlin im Jahr 1971 die urheberrechtliche Qualität des sehr seltsamen Begriffs »Folterhilda« zu bewerten.[12] Da dieser ein mutmaßlich nach längerem Nachdenken entstandenes Anagramm, also eine Neuverteilung der Buchstaben, des Namens »Adolf Hitler« ist, wurde der Urheberrechtsschutz in diesem Fall ausnahmsweise schon für eine »Ein-Wort-Kreation« zuerkannt.

In einem anderen Fall hielt das Oberlandesgericht Frankfurt wegen der überraschenden Begriffspaare folgende jeweils nur aus zwei Begriffen bestehende Aussagen für originell: »esoterische Räuberpistole« bzw. »subventionierte Wiederentdeckung«.[13] Das aber soll nicht bedeuten, dass grundsätzlich auch kurze Begriffe schutzfähig sind.

Kein Glück bei den Richtern hatten deutlich längere Aussagen, denen die befassten Juristen die nötige Originalität absprachen. »Alles ist gut, so lange du wild bist« oder »Hamburg geht zu Ende« darf nach dem Oberlandesgericht Hamburg jeder benutzen.[14] Auch die Aussage »Thalia verführt zum Lesen« fand keine Gnade vor den Richtern. Das Landgericht Mannheim fand: Nicht originell, darf jeder verwenden.[15]

Ebenfalls zu kurz für ein deutsches Gericht war die Bezeichnung »Wenn das Haus nasse Füße hat«. Ein Buchautor hatte so seinen Ratgeber zum Thema Mauerwerkstrockenlegung betitelt. Ein Maurer verschickte einen Tweet mit demselben Inhalt und machte dadurch auf seinen Geschäftsbetrieb aufmerksam.[16] Der Autor klagte gegen diese Übernahme, musste sich aber vom Oberlandesgericht Köln sagen lassen, dass seine Sprachschöpfung nicht schutzfähig sei, da es ihr an der erforderlichen Schöpfungshöhe fehle. Der Satz, so das Gericht, sei sehr kurz und unvollständig, außerdem vermittle er auch keinen besonders originellen gedanklichen Inhalt. Er weise keine besondere sprachliche Gestaltung auf, sondern verfüge über eine schlichte, auch in der Alltagssprache mögliche Konstruktion. Insbesondere liege kein Aphorismus, also ein prägnant geistreicher, in sich geschlossener Sinnspruch vor, der eine Erkenntnis, Erfahrung oder Lebensweisheit vermittle.

Zurück zu Karl Valentin: Das Landgericht München beschäftigte sich schulmäßig mit dem Zitat »Mögen hätte ich schon wollen, aber dürfen habe ich mich nicht getraut«. Zwar handele es sich bei dem streitgegenständlichen Ausspruch um kein umfangreiches Sprachwerk, sondern – so das Gericht mathematisch völlig korrekt – um eine Wortfolge aus lediglich zwölf Wörtern. Auch kurze Wortfolgen seien indes einem Urheberrechtsschutz zugänglich, wenn sie sich durch eine fantasievolle Wortwahl oder Gedankenführung von üblichen Formulierungen abheben. Dies sei im Fall Valentin deshalb der Fall, da …

> der Ausspruch von einer sprachlich durch Verwendung mehrerer Verben sehr untypischen Art der Formulierung und einer dadurch bedingten komplizierten Ausdrucksweise geprägt ist, die von der Sprachüblichkeit erheblich abweicht. Durch die umständliche Schilderung wird eine relativ einfache Aussage (Ich wollte schon, aber ich traute mich nicht) sprachlich und grammatikalisch unüblich in der Art und Weise einer bayerischen »Wortakrobatik«, die typisch für die Ausdrucksweise Karl Valentins ist, verkompliziert.

Erschwerend komme hinzu, dass der Text losgelöst von seinem eigentlichen Kontext (nämlich dem Bühnenstück »Das Oktoberfest«) geeignet sei, sich auf eine Vielzahl gleich- oder ähnlich gelagerter Sachverhalte zu beziehen.

Der Umstand, dass im Nachschlagewerk »Duden« der Spruch eine neunzeilige Erläuterung erfährt, zeige, dass die komplizierte Ausdrucksweise einer gewissen Interpretation bedarf, was auf eine schöpferische Individualität und Eigenart des Spruchs hindeutet. Es gilt also: kompliziert ist gut, weil schutzfähig.

Ein einmal begründeter Schutz erlischt erst wieder 70 Jahre nach dem Tod des Urhebers. Karl Valentin (bürgerlicher Name Ludwig

Fey) starb am 09. Februar 1948, seine Enkelin allerdings kann deshalb noch bis 2018 Rechte an seinem Werk geltend machen, unter anderem auch an jenem kurzen Zitat.

Danach sind Valentins Inhalte dann gemeinfrei, jeder darf sich daran »bedienen«. Bis dahin aber darf nichts ohne Zustimmung veröffentlicht werden, im Zweifel wird eine Nutzungserlaubnis durch die Berechtigten nur gegen Lizenzgebühr erfolgen.

Erlaubte Verwendung fremder Texte

Unter besonderen Voraussetzungen kann ein fremder Text aber auch ohne Genehmigung rechtlich ordnungsgemäß in den eigenen Text eingebaut sein, etwa wenn es vom so genannten Zitatrecht gedeckt ist.

Voraussetzung dafür ist, dass Sie sich in Ihrem eigenen Text inhaltlich mit dem Fremdzitat auseinandersetzen und dieses nicht lediglich zur Ersparnis eigener Ausführungen verwenden. Typischerweise wird ein Zitat entweder vorangestellt, bevor man sich anschließend inhaltlich damit auseinandersetzt, oder es werden eigene Ausführungen vorangestellt und sodann ein Zitat als Beleg für eigene, originelle Gedanken verwendet.

In jedem Fall muss das Zitat in einem angemessenen Umfang zum eigenen Text stehen. Am sichersten ist es, wenn das Zitat auch bei der Erläuterung Ihrer eigenen Gedanken nur wenige Zeilen einnimmt, so dass ein gewisses Verhältnis zu Ihrem eigenen Text gewahrt bleibt.

Schließlich müssen Sie das Zitat als solches kenntlich machen. Diese so genannte Quellenangabe hat im Fließtext selbst, in einer

Fußnote oder am Ende des Textes in einem Quellenverzeichnis zu erfolgen.

Eine weitere Möglichkeit, fremde Texte legal zu nutzen, bieten zahlreiche Internetplattformen, die frei verwendbare Texte bewusst der Öffentlichkeit zur Nutzung zur Verfügung stellen.

So enthält etwa die englischsprachige Seite archive.org eine kaum überschaubare Anzahl von Texten, die von allen zustimmungsfrei genutzt werden können, weil deren Urheber vor mehr als 70 Jahren verstorben sind. Deutschsprachige Seiten mit diesem Ansatz sind etwa gutenberg.de oder wikisource.de. Auch Texte von wikipedia.de dürfen frei genutzt werden. Nicht weniger als 29 600 Fundstellen erhält man, wenn man »urheberrechtsfreie Texte« googelt. Voraussetzung ist stets, dass man Urheber und Quelle nennt und den jeweiligen Lizenzumfang beachtet.

IV. Checkliste

✓ Stammt der Text oder sonstige Beitrag von Ihnen?

✓ Falls nicht: Ist er rechtefrei, da entweder der Verfasser vor mindestens 70 Jahren verstorben ist oder aber der Beitrag nicht originell genug ist?

✓ Falls nicht: Haben Sie den fremden Text oder Beitrag durch eigene originelle Bearbeitungen rechtlich zulässig frei benutzt und den fremden Urheber korrekt benannt? Falls nicht: Haben Sie sich in Ihrem eigenen Beitrag mit dem fremden Inhalt lediglich als Beleg für eigene Ausführungen beschäftigt, nicht jedoch, um sich eigene Ausführungen unter Hinweis auf die fremden zu ersparen?

V. Nützliche Links und Paragraphen

- https://drschwenke.de/texte-richtig-zitieren-statt-plagiieren-anleitung-mit-checkliste/
- http://www.fernuni-hagen.de/arbeiten/arbeitsplatz/recht/hochschulrecht/interneturheberrecht.shtml
- https://irights.info/artikel/zitieren-im-www/7007
- § 2 UrhG: Schutzfähigkeit von Werken
- § 7 UrhG: Urheberschaft an Werken
- § 24 UrhG: freie Benutzung von fremden Werken
- § 51 UrhG: zulässige Zitate von fremden Werken

MEIN TWEET GEHÖRT MIR – RECHTSQUALITÄT VON TWITTER-BEITRÄGEN

I. Einführung

Twitter lebt davon, dass die Nutzer kurze Texte entweder selber verfassen oder fremde Texte kommentieren und weiterleiten. Wie und in welchem Umfang aber muss man die Rechte Dritter dabei wahren?

II. Fall

Ein Student veröffentlichte auf Twitter den Spruch: »Wann genau ist aus ›Sex, Drugs & Rock 'n' Roll‹ eigentlich ›Laktoseintoleranz, Veganismus & Helene Fischer‹ geworden?«

Der Tweet kam an, nach kurzer Zeit hatte er bereits mehr als 5000 Likes und Retweets, wie der Urheber natürlich ebenfalls via Twitter stolz verkündete. Schon bald aber nervte ihn, dass der Spruch von Journalisten in Artikeln als eigener ausgegeben wurde oder auch, dass er ohne jeden Hinweis auf die fremde Urheberschaft auf den redaktionellen Seiten einer Dating-Plattform stand.

Als dann auch noch der Betreiber eines Postkartenshops auf den Tweet aufmerksam wurde und der ihm so gefiel, dass er ihn auf Postkarten drucken ließ, platzte dem Studenten der Kragen. Er beschwerte sich, und anders als über den Journalisten und über die Dating-Plattform nicht mit einem kritischen Tweet, sondern durch Geltendmachung rechtlicher Ansprüche auf Unterlassung und Lizenzgebühr. Da offenbar eine außergerichtliche Einigung nicht möglich war, reichte der Student Klage beim Landgericht Bielefeld ein mit dem Argument, durch die unbefugte Nutzung des Tweets sei sein Urheberecht verletzt worden.

Der Postkartenverkäufer verteidigte sich damit, dass der Spruch schon früher und von anderen als dem Studenten in sehr ähnlicher Form verwendet worden sei. Der sei also gar nicht Urheber. Außerdem, so die Rechtsausführungen, weise der Text gar nicht die erforderliche Schöpfungshöhe auf. Schließlich, so das letzte Argument, müssten solche einfachen Redewendungen der Alltagssprache für den allgemeinen Sprachgebrauch freigehalten und dürften nicht monopolisiert werden.

III. Rechtliche Grundlagen

Vielleicht wäre der Student besser nicht nach Bielefeld zu Gericht gegangen. Das dortige Landgericht jedenfalls zeigte sich wenig twitter-affin. So bezeichnet es Twitter in seiner Entscheidung[17] als »Mikrobloggingdienst« – in der Sache zwar wohl korrekt, aber doch recht umständlich. Ähnlich umständlich begründet es seine ablehnende Entscheidung.

Der Postkartenshop konnte nicht beweisen, dass der Satz bereits früher zumindest in ganz ähnlicher Form verwendet worden war. Der Student konnte auch nicht den Nachweis führen, dass er es war, der den Spruch zum ersten Mal verwendet hatte. Darauf aber kam es dem Gericht nicht an, denn es kam zum Schluss, dass der Tweet, egal wer ihn erfunden hatte, kein geschütztes Sprachwerk im Sinne des Urheberrechtsgesetzes sei. Sprachwerke, so das Gericht, seien alle persönlichen geistigen Schöpfungen, deren Inhalt durch eine Sprache als Ausdrucksmittel geäußert wird. Um aber urheberrechtlichen Schutz zu erlangen, bedürfe es einer gewissen Schöpfungshöhe, die der streitgegenständliche Kurztext nicht erreiche. Zwar setze ein urheberrechtlich geschütztes Werk grundsätzlich keinen Mindestumfang voraus. Die Kürze einer Äußerung könne jedoch als Indiz gegen den Urheberrechtsschutz sprechen. Kurze Äußerungen böten häufig nicht genug Gestaltungsspielraum, um die notwendige Schöpfungshöhe für den Urheberrechtsschutz zu erreichen. Je länger aber ein Text, desto größer seien die Gestaltungsmöglichkeiten, so dass umso eher eine hinreichende eigenschöpferische Prägung erkannt werden könne.

Das Gericht zog eine Parallele zu Werbeslogans, die üblicherweise auch keinen Urheberrechtsschutz erlangten. Die bloße Werbewirksamkeit und Schlagkraft einer Werbeaussage genüge nicht. Der kurze Text des Studenten, der aus einem einzelnen Satz bestehe, bediene sich der Alltagssprache. Der notwendige Grad der Gestaltungshöhe werde durch die bloße Anordnung, Verknüpfung und Gegenüberstellung des allgemein bekannten und seit Jahrzehnten verwendeten Begriffs »Sex, Drugs & Rock 'n' Roll« mit schlagwortartigen Begriffen aus dem alltäglichen und aktuellen Sprachgebrauch nicht erreicht. Der damit verbundene Sprachwitz genüge nicht, um die notwendige Gestaltungshöhe und einen Urheberrechtsschutz als Sprachwerk zu begründen. Vielmehr entspreche der Tweet einem bloßen, urheberrechtlich nicht schutzfähigen Slogan.

Das hätte man auch ganz anders sehen können, denn Witze sind durchaus urheberrechtlich geschützt, sofern der Witz die notwendige Schöpfungshöhe erreicht. Letztlich war das Urteil des Landgerichts Bielefeld also auch Ausdruck des persönlichen Humorverständnisses der befassten Richter.

Tweets müssen nicht immer witzig sein, um Gnade vor den Augen der Juristen zu finden. Selbst wenn in einem Tweet nur Fakten mitgeteilt werden, kann die Originalität und damit Schutzfähigkeit nach Ansicht von Experten darin liegen, dass die Tatsachen besonders kombiniert und angeordnet sind, so dass die gewählte Kombination an sich schon originell ist.

Allgemein darf man wohl davon ausgehen, dass Gerichte Twitter als urheberrechtlich relevantes Medium derzeit noch eher kritisch gegenüberstehen. Aber das dürfte sich rasch ändern. Deshalb sollte man hier wie auch sonst überall vorsichtig sein, fremde Inhalte als eigene auszugeben oder auch nur weiterzugeben.

Letzteres gilt anders aber nicht für so genannte Re-Tweets. Wer Texte über Twitter sendet, erklärt sich stillschweigend damit einverstanden, dass seine Botschaft auch von anderen Nutzern an deren Follower weitergesendet werden kann. Diese Funktion ist so charakteristisch für Twitter, dass Juristen hier von stillschweigender Zustimmung ausgehen.

Twitter schreibt dazu in seinen Bedingungen[18]:

»Retweets sehen wie ganz normale Tweets aus und enthalten Name und Nutzername des Autors. Zur Unterscheidung werden jedoch zusätzlich das Retweet-Symbol und der Name des Nutzers, der den Tweet retweetet hat, angezeigt.«

Wer nicht will, dass man seine Tweets weiterleitet, kann das ausdrücklich ausschließen:

»Wenn du auf der Profilseite oder in den Tweets eines Nutzers neben seinem Namen das Schloss-Symbol siehst, sind die Tweets dieses Nutzers geschützt und du kannst diese Inhalte nicht retweeten.«

IV. Checkliste

✓ Stammt der als Tweet vorgesehene Beitrag von Ihnen selbst?

✓ Falls nicht: Ist der Beitrag lang und originell genug, um urheberrechtlichen Schutz zu beanspruchen?

✓ Falls nein: Dann sollten Sie ihn nicht als eigenen ausgeben und verwenden.

✓ Falls der fremde Beitrag selbst ein Tweet ist, können Sie auf diesen verlinken oder ihn retweeten.

V. Nützliche Links

- Twitter-Regeln: https://help.twitter.com/articles/87137?lang=de
- Twitter und Recht: https://www.e-recht24.de/artikel/ecommerce/6822-twitter-und-recht-was-sie-beim-twittern-beachten-sollten.html

ERLAUBTE VERWENDUNG FREMDER TEXTE, VIDEOS, SONGS UND GRAFIKEN – CREATIVE-COMMONS-LIZENZEN

I. Einführung

Wollen Sie im privaten Umfeld Ihre Familie, Freunde und Bekannten mit fremden Federn beeindrucken? Dann mag es gerade noch angehen, eine tolle Idee für sich zu verbuchen. Im öffentlichen Raum, und das Internet gehört dazu, sollten Sie das aber strikt vermeiden. Wenn Sie eigene Beiträge im Internet – oder herkömmlich in Printform – veröffentlichen wollen und weder eigene Ideen noch die Zustimmung zur Verwendung fremder Inhalte haben, sollten Sie nur zustimmungsfrei verwendbare Inhalte nutzen. Dabei gelten aber besondere Regeln.

II. Fall

Sie haben letzten Samstag mal wieder ein großartiges Viergangmenü für zwölf Personen gekocht und wollen dieses Meisterwerk nun nachträglich mit der Welt teilen – denn welcher wahre Koch nimmt seine Rezepte schon mit ins Grab? Leider reichen Ihre fotografischen Fähigkeiten bei Weitem nicht an Ihre kulinarischen heran. Darüber hinaus ist Ihr Motiv längst verspeist und verdaut. Nun gut – denken Sie sich – so wie ich kochen kann, können andere fotografieren. Und tatsächlich, nach einer kurzen Internetrecherche lernen Sie nicht nur den Beruf des Food-Fotografen kennen, sondern finden viele tolle, professionelle Bilder Ihrer Lieblingsgerichte. Sie entscheiden sich für das gestochen scharfe Foto eines argentinischen Prachtsteaks, das Sie so sensationell nachgebrutzelt haben, und integrieren es mit ein paar Klicks auf Ihrer eigenen Chefkoch-Seite.

Aber dürfen Sie sich so einfach fremder Bilder aus dem Internet bedienen? Was ist bezüglich der Urheberrechte der Fotografen zu beachten?

III. Rechtliche Grundlagen

Es kommt mittlerweile sehr häufig vor, dass Urheber – Fotografen, Musiker oder Videokünstler – ihre Werke zustimmungsfrei zur Verfügung stellen. Sie können frei über ihre Werke und deren Nutzung durch Dritte entscheiden. Zum Beispiel kann sich der professionelle Food-Fotograf dazu entscheiden, nur und ausschließlich einem renommierten Kochbuch-Verlag die Nutzungsrechte an seinen Fotos einzuräumen. Dann darf niemand sonst diese Fotos verwenden. Grundsätzlich müssen Sie also den Food-Fotografen um Erlaubnis bitten, wenn Sie vorhaben, sein Steak auf Ihrer Chefkoch-Seite zu präsentieren.

In der Praxis wird diese Genehmigung üblicherweise gegen Zahlung einer so genannten Lizenzgebühr erteilt. Und: Ehre wem Ehre gebührt. Der Urheber ist darüber hinaus stets zu nennen – sollte er nicht ausdrücklich darauf verzichten.

Keine Regel ohne Ausnahme. Bekanntlich leben wir neuerdings in einer Welt des Teilens. Sharing means caring. Kaum jemand möchte mehr besitzen, sondern es wird getauscht, verschenkt und geliehen, was das Zeug hält. Auch unter den Urhebern hat dieser Gemeinschaftsgedanke erfreulicherweise Einzug ins Internet gehalten. So stellen einige Fotografen ihre Bilder zur freien Verfügung online, so dass jeder Hobbykoch ohne vorherige Erlaubnis ihre Fotos auf seiner eigenen Chefkoch-Seite veröffentlichen darf.

Hier variieren die Regeln je nach Lizenzmodell, für das sich der jeweilige Urheber entscheidet. Ein typischer Fall sieht so aus: Ein Food-Fotograf stellt ein Bild zur freien Verfügung ins Internet, verlangt vom Hobbykoch aber, dass er das Steak-Foto nur nichtkommerziell, also ohne finanziell-beruflichen Hintergedanken verwendet. Außerdem muss der Hobbykoch das Foto mit einem Copyright-Vermerk versehen, also dem ausdrücklichen Hinweis auf den Originalfotografen.

Den genauen Wortlaut des Copyright-Vermerks gibt der Urheber vor und muss vom Verwender exakt so übernommen werden. Verschiedene Lizenzmodelle gibt es zum Beispiel bei »Creative Commons« (CC). Diese gemeinnützige Organisation veröffentlicht Standard-Lizenzverträge, nach denen sich Urheber richten können. Mit ihrer Hilfe gewähren sie der Öffentlichkeit auf einfache Weise Nutzungsrechte an ihren Werken. Wenn also ein Urheber seine Inhalte unter Hinweis auf eine CC-Lizenz anbietet, dann darf sich jedermann daran bedienen, vorausgesetzt, er beachtet den vom Urheber vorgegebenen Umfang einer solchen Lizenz.

Grundsätzlich gibt es sechs verschiedene Kategorien von Lizenzmodellen, die jeweils unterschiedliche Vorgaben an den Verwender von unter CC-Lizenzen stehenden Inhalten stellen[19]:

- Modell 1: Pflicht zur Namensnennung des Urhebers
- Modell 2: Pflicht zur Namensnennung des Urhebers, kein Recht zur Bearbeitung
- Modell 3: Pflicht zur Namensnennung des Urhebers, Recht zur Bearbeitung, aber nur nicht-kommerzielle Verwendungsbefugnis
- Modell 4: Pflicht zur Namensnennung des Urhebers, kein Recht zur Bearbeitung, nur nicht-kommerzielle Verwendungsbefugnis
- Modell 5: Pflicht zur Namensnennung des Urhebers, Recht zur Bearbeitung, nur nicht-kommerzielle Verwendungsbefugnis, Pflicht zur Weitergabe des eigenen Bearbeitungsergebnisses nur unter Vergabe der identischen Lizenzbedingungen
- Modell 6: Pflicht zur Namensnennung des Urhebers, Recht zur Bearbeitung, kommerzielle Verwendungsbefugnis, Pflicht zur Weitergabe des eigenen Bearbeitungsergebnisses nur unter Vergabe der identischen Lizenzbedingungen

Finden Sie also das perfekte Foto Ihres zartrosa gebratenen Steaks an Trüffelmarinade nebst Selleriebouquet mit einem für Ihre Zwecke passenden Lizenzvermerk, dann können Sie dieses für Ihre Seite nutzen, sofern Sie die vom Food-Fotografen geforderten Regeln einhalten.

Ähnliches gilt für Videos, Audioaufnahmen und Softwareprogramme. So listet unter verschiedenen Formen der CC-Lizenz die englischsprachige Seite archive.org nach eigenen Angaben 279 Milliarden Websites, elf Millionen Bücher und Texte, vier Millionen Audioaufnahmen, drei Millionen Videos, eine Million Fotos sowie 100 000 Softwareprogramme zur Nutzung an.

Völlig unproblematisch ist es, fremde Filme nicht direkt auf Ihrer Seite zu verwenden, sondern nur entsprechende Links auf fremde Videos zu setzen. So entschied der Europäische Gerichtshof[20], dass Sie als Website-Betreiber, aber auch in Ihren Facebook-Posts, so genannte einbettende Links setzen dürfen, auch »Framing« genannt. Beim aktuellen Beschluss des EuGHs ging es um das mutmaßlich wenig spektakuläre Werbevideo eines Wasserfilter-Herstellers, das auf fremden Webseiten eingebettet worden war.

Die Richter des Bundesgerichtshofs als Vorinstanz sahen das Ganze noch restriktiver. Sie waren der Meinung, Framing gelte aufgrund des »Sich-zu-eigen-Machens« als verbotene öffentliche Wiedergabe.

Nun können Sie also etwa YouTube-Videos auf Ihrer Internetseite einbinden. Voraussetzung ist nur, dass das von Ihnen eingebettete Werk zuvor mit Zustimmung des Rechteinhabers frei im Internet zugänglich war und Sie für das Einbetten auf Ihre Seite keine neue Wiedergabetechnik oder andere technische Verfahren verwenden als die bei der Originalseite verwendeten.

Typisches Beispiel sind YouTube-Videos, die von Rechteinhabern legal dort hochgeladen wurden. Diese dürfen Sie einbetten, solange nicht der Eindruck entsteht, dass es sich um Ihr eigenes Werk handelt, etwa, dass Sie die Filme selbst gedreht hätten. Mit der Framing-Methode können Sie neben fremden Online-Videos auch fremde Tweets und öffentlich zugängliche Facebook-Statusmeldungen auf Ihrer eigenen Seite einbetten.

Unzulässig ist es natürlich, wenn Sie vorhaben, Raubkopien von entsprechenden Seiten hochzuladen. Misstrauisch werden sollten Sie, wenn Sie auf YouTube auf aktuelle Kinofilme oder auch nur den aktuellen »Tatort« stoßen. Derartiges wird üblicherweise nicht auf YouTube kostenlos angeboten, sondern allenfalls auf kostenpflichtigen Serienportalen oder, beim »Tatort«, in der offiziellen ARD-Mediathek – und auch dort nur sieben Tage ab Erstausstrahlung.

Auch sollten Sie keinesfalls Inhalte hochladen, die möglicherweise Persönlichkeitsrechte verletzen, also private oder intime Filme von entsprechenden Internetseiten, aber auch bei verbotenen Inhalten, etwa der Verwendung des Hakenkreuzes oder anderer rechtsradikaler Symbole kann das Einbetten oder das Verlinken unzulässig sein.

IV. Checkliste

✓ Achten Sie bei fremden Werken auf das Urheberrecht.

✓ Prüfen Sie, ob der Urheber eine lizenzfreie Nutzung zulässt.

✓ Holen Sie anderenfalls eine Genehmigung ein und nennen Sie den Urheber unter dem Werk.

✓ Sollte der Urheber das Werk unter eine bestimmte Lizenz gestellt haben, die es der Allgemeinheit erlaubt, das Werk kostenfrei zu nutzen, beachten Sie die jeweiligen Regelungen.

✓ Einbettende Links von Videos, etwa von YouTube, Vimeo und MyVideo sind stets erlaubnisfrei nutzbar, solange Sie nicht als der eigentliche Urheber erscheinen.

V. Nützliche Links und Paragraphen

- http://praxistipps.chip.de/youtube-video-auf-eigener-website-einbinden-so-gehts_16683
- http://www.suchmaschinen-und-recht.de/aufsaetze/ist-framing-erlaubt/
- §§ 7, 12 UrhG
- § 31 UrhG

FREMDE INHALTE UND DIE GESTALTUNG EINER EIGENEN HOMEPAGE

I. Einführung

Um eine eigene Website zu erstellen, muss man schon lange kein Programmierer mehr sein. Für nahezu jeden Bedarf gibt es vorgefertigte und vor allem preiswerte Musterlösungen, die man nach Lust und Laune mit seinen individuellen Inhalten füllen kann. Ganz ungehemmt darf man sich dabei aber nicht austoben, sondern muss gewisse Regeln beachten. Zum kleinen Einmaleins gehören das Urheberrecht an fremden Texten, das Markenrecht an Titeln und Produktnamen, besondere Erfordernisse für die Impressumsangabe, ggf. eine Widerrufsbelehrung sowie eine Datenschutzerklärung.

II. Fall

Ihr Leben ist so interessant und abwechslungsreich, dass Sie sich berufen fühlen, es in aller Ausführlichkeit mit der Welt zu teilen. Immerhin hat Sie der letzte Thailandurlaub in die noch unentdeckten Winkel des Landes geführt. Ihre Erinnerungen daran gedenken

Sie nicht nur in einem Blog zu veröffentlichen, sondern auch gleich in einem Reiseführer, den Sie von der Homepage aus vermarkten möchten. Vielleicht sind Sie auch ein geistiger Verwandter von Daniel Düsentrieb und haben ein neues Produkt entwickelt, das nun an den Mann oder die Frau gebracht werden soll. Facebook alleine reicht Ihrer Meinung nach dafür nicht aus. Es muss schon eine eigene Homepage sein, und die sollte sich möglichst von den Konkurrenzseiten zum gleichen Thema abheben, originell und vor allem individuell sein. Das geht am besten mit eigenen Ideen – doch gehen diese aus, greifen nicht wenige Seitenbetreiber zu fremden Inhalten. Nicht immer ist dies erlaubt.

III. Rechtliche Grundlagen

Ihre Homepage, Ihr Blog oder Ihr Produkt brauchen natürlich einen griffigen Namen mit hohem Wiedererkennungswert. Wer sich hierbei aber die Kreativität eines anderen zu eigen und zunutze macht und auf dessen Kosten die eigenen Kassen füllt, verstößt gegen Regeln, die das Markengesetz und das Gesetz gegen den unlauteren Wettbewerb (UWG) vorsehen. Sobald Sie sich einen markigen Namen ausgedacht haben, sollten Sie recherchieren, ob er nicht bereits von jemand anderem verwendet wird. Derartige Recherchen sind bei Produkten vor allem auf Internetseiten wie der von Amazon oder vom Deutschen Patent- und Markenamt (DPMA) möglich.

Denkbar ist auch der umgekehrte Fall: Irgendjemand hat Ihren cleveren Markennamen vor Ihnen im Register eintragen lassen, aber Sie sind der Überzeugung, dass Sie Ihr Produkt schon länger unter diesem Namen nutzen. Der gewisse Jemand wäre dann zu Unrecht markenberechtigt, und Sie können innerhalb von drei Monaten beim DPMA Widerspruch einlegen. Ist diese Frist abgelaufen, besteht noch die Möglichkeit eines Antrags auf Löschung, der aber einer besonderen Begründung bedarf.

Nicht immer stellt eine vorhandene eingetragene Marke aber auch tatsächlich ein Hindernis dar, denselben Namen zu verwenden. So bezeichnet zum Beispiel der Begriff »Focus« sowohl ein Verbrauchermagazin aus dem Hause Burda als auch ein Auto von Ford. Das ist deshalb möglich, weil diese beiden Marken für zwei völlig unterschiedliche Warenklassen (festgelegt durch die »Nizza-Klassifikation«) verwendet werden.

Handelt es sich um den Namen eines Blogs, sollten Sie nach diesem im Internet suchen. Finden Sie denselben Namen bereits für einen Blog, heißt das aber noch nicht, dass Sie ihn nicht ebenfalls verwenden können. Um überhaupt schutzfähig zu sein, muss eine Bezeichnung besonders kennzeichnungskräftig, sprich originell, und wenig verwechslungsfähig, sprich nicht leicht austauschbar sein.

Die Bezeichnung »Der Reiseblog« etwa ist eher nicht kennzeichnungskräftig, da es sich um einen rein beschreibenden Titel handelt, nämlich um eine Beschreibung dessen, worum es in dem Blog geht. »Bobs bombastischer Bolivienblog« wiederum hat schon eher Kennzeichnungskraft. Denn dabei wird neben der inhaltlichen Beschreibung auch das Stilmittel der Alliteration verwendet, was dem Namen des Blogs ein gewisses Etwas verleiht. Der Name wird dadurch verwechslungsunfähig und kennzeichnungskräftig.

Ein weiteres Muss für jede Homepage ist das Impressum. Sofern Sie eine geschäftsmäßige Homepage betreiben, also eine Seite, auf der in der Regel etwas gegen Entgelt angeboten wird, ist hier die Angabe Ihres Namens, Ihrer Anschrift und Ihrer E-Mail-Adresse unerlässlich.

Sollten Sie nicht als natürliche Person, sondern als juristische Person (also zum Beispiel als GmbH) auftreten, sind noch weitere Angaben erforderlich, die in § 5 Telemediengesetz (TMG) nachzulesen sind.

Sollten Sie Produkte zum Verkauf anbieten, müssen Sie eine Widerrufsbelehrung hinzufügen.

Schließlich schreibt das Gesetz eine Datenschutzerklärung vor. Praktischerweise ist die Datenschutzerklärung über einen eigenen Link erreichbar. Deren Inhalt ergibt sich aus den auf ihrer Homepage geplanten Datenverwendungen. Über diese ist wahr und vollständig zu unterrichten. Darunter fallen Informationen über allgemeine Datenerhebungen, etwa welche personenbezogenen Informationen (Name, Alter, E-Mail-Adresse, Postadresse usw.) Sie erheben und verarbeiten, zu welchem Grund und ob bzw. zu welchem Zweck Sie personenbezogene Daten an Dritte weitergeben. Aber auch Informationen über besondere Kategorien der geplanten Verwendung, wie zum Beispiel der Nutzung für Gewinnspiele, Newsletter-Abos oder Webtracking, müssen enthalten sein.

Außerdem muss stets angegeben werden, zu welchem Zweck die Daten verwendet und an wen sie möglicherweise weitergegeben werden. Weisen Sie in diesem Zusammenhang immer auf das Widerspruchsrecht Ihrer Homepagebesucher zur fortgesetzten Datennutzung hin und räumen Sie im Fall der Analyse Ihrer Daten auch eine technische Möglichkeit zum Widerspruch dagegen ein.

Schließlich gehört ein Cookie-Hinweis auf ihre Seite. Cookies sind Mini-Dateien, die automatisch bei Webseitenaufrufen im Webbrowser jedes Computer- oder Smartphone-Nutzers angelegt werden. Website-Betreiber speichern darin Informationen über das Nutzerverhalten. Das ist durchaus hilfreich, zum Beispiel da die Seite Zugangsdaten speichert und sie »wiedererkennt«, so dass man sie nicht bei jedem Besuch neu eingeben muss.

Website-Betreiber benutzen Cookies aber auch und vor allem, um Nutzer hinsichtlich ihres Verhaltens im Internet »zu tracken«, also nachzuverfolgen, und dann gezielt mit individualisierter Werbung zu bespielen. Denn Cookies lassen erkennen, welche Seiten man bisher aufgerufen hat und für welche Produkte man sich interessiert.

Seitenbetreiber sollten deshalb vor der Verwendung von Cookies die Einwilligung der Nutzer einholen. Der Einwilligungstext bei einem so genannten Cookie-Hinweis (z. B. »Diese Seite verwendet Cookies.«) sollte beim ersten Anklicken einer Seite eingeblendet werden. Der Text für die Cookie-Nutzung sollte so konkret wie möglich sagen, um welche Daten es geht, wozu diese genutzt werden und an wen diese Daten gegebenenfalls weitergegeben werden. Der Nutzer muss diesen Text mit einem Klick bestätigen.

Der Text könnte etwa wie folgt lauten:

Einige dieser Cookies erfordern Ihre ausdrückliche Zustimmung. Bitte stimmen Sie durch Klicken auf diese Seite der Verwendung von Cookies zu, um alle Funktionen dieser Website nutzen zu können, insbesondere damit die angezeigten Anzeigen individuell zugeschnitten werden können. Detaillierte Informationen über die Anzeigen Dritter sowie den Einsatz von Cookies erhalten Sie unter dem folgenden Link. Dort können Sie Ihre Zustimmung später auch rückgängig machen.

Da der Cookie-Hinweis bei den meisten Websites wegen der erforderlichen Textlänge ungefähr ein Fünftel der Seite blockiert, klicken die meisten Nutzer wohl schon aus Bequemlichkeit auf den Zustimmungsbutton, damit der Hinweis wie gewünscht verschwindet – und stimmen so der Cookie-Nutzung zu. Es bleibt abzuwarten, ob dies auch zukünftig vom Gesetzgeber so erlaubt wird.

IV. Checkliste

✓ Beachten Sie das Urheberrecht fremder Autoren. Gegebenenfalls könnte der fremde Text unter das Zitatrecht fallen.

✓ Recherchieren Sie vor der Verwendung der vorgesehenen Bezeichnung für Ihr angebotenes Produkt oder Ihren Blog. Sollte es den Namen schon geben, prüfen Sie, ob die Bezeichnung für Ihre Produkte oder Dienstleistungen mit einer schon bestehenden in Konkurrenz stehen könnte.

✓ Jede kommerzielle Homepage bedarf eines Impressums.

✓ Bieten Sie Waren zum Verkauf an, müssen Sie eine Widerrufsbelehrung beifügen.

✓ Sie müssen den Nutzer zu Beginn des Nutzungsvorgangs über Art, Umfang und Zwecke der Erhebung und Verwendung personenbezogener Daten sowie über etwaige Weitergaben von Daten unterrichten.

V. Nützliche Links und Paragraphen

- https://www.anwalt.de/rechtstipps/die-eigene-homepage-rechtliche-fettnaepfchen-und-stolpersteine_018112.html
- §§ 7, 12, 31, 51 UrhG (Urheberrecht, insb. Zitatrecht)
- §§ 14, 15 MarkenG (Namen und Produktbezeichnungen)
- § 5 TMG (Impressumspflicht)
- §§ 312c, 312d, 312g, 355 BGB (Widerrufsbelehrung)
- § 13 TMG (Datenschutzerklärung)

KAPITEL 3

VERTRÄGE ONLINE ABSCHLIESSEN

@

WIDERRUFSRECHTE BEIM POWERSHOPPING

I. Einführung

Mit wenigen Mausklicks lässt sich im Internet wirklich alles kaufen, vom Zwerghamster bis zur Privatinsel. Nicht alles, was man im virtuellen Kaufrausch bestellt hat, will man aber auch tatsächlich behalten, wenn es erst einmal ins Haus geliefert wurde. Wie gut, dass man das rein rechtlich auch nicht muss. Möglich macht es das verbraucherschützende allgemeine Widerrufsrecht. Das gilt auch für außergewöhnliche Bestellungen.

II. Fall

Endlich Sonntag, endlich ausschlafen – wenn nur Ihre Rückenschmerzen nicht wären! Die letzte Apothekenrundschau bringt Sie auf die Idee, ein Wasserbett könnte die Lösung aller Probleme sein. Also weg mit den vor Jahren geerbten und nie ausgetauschten Federkernmatratzen. Aber am Sonntag einkaufen? Zwar gibt es mittlerweile an jeder Ecke einen Matratzendiscounter, aber auch die haben sonntags zu. Für solche Spontankäufe gibt es ja das Internet. Dank Smartphone oder Tablet schaffen Sie das als leidenschaftlicher Powershopper auch in liegender Position vom Sofa aus. Flugs lesen Sie Bewertungen, vergleichen Preise und ordern kurzentschlossen das Wasserbett Deluxe, Modell Deep Blue Ocean, am Sonntagmittag per Mausklick als Expresslieferung.

Schon am nächsten Tag steht das Wasserbett mit verheißungsvoll wogender Oberfläche in Ihrem Schlafzimmer. Überraschung Nummer eins noch während der ersten Nacht: Auf der Ocean ist es nicht nur blue, man wird dort auch leicht seekrank. Überraschung Nummer zwei nach der ersten Woche: Die Übelkeit geht, die Rückenschmerzen bleiben. Frustriert beschließen Sie, das Experiment abzubrechen, lassen das Wasser aus dem Bett und quetschen die traurige Hülle wieder in die Versandkartons, um sie an den Händler zurückzuschicken.

Ihre Erwartung, den vollen Kaufpreis erstattet zu bekommen, wird enttäuscht: Der Verkäufer kann das offenbar benutzt aussehende Wasserbett nicht mehr als neuwertig verkaufen, und für gebrauchte gibt es keinen Markt. Nur für die Pumpe des Wasserbettes sieht der Verkäufer noch Verkaufschancen. Deshalb will er vom Kaufpreis zumindest einen Wertersatz für die intensive Nutzung des Wasserbettes abziehen. Da Ihre Rückenschmerzen immer noch anhalten und Sie keinen Vorteil aus der Nutzung erkennen, bestehen Sie auf voller Rückzahlung.

Sie gehen vor Gericht und bekommen Recht: Der Händler muss den vollen Kaufpreis erstatten. Warum das so ist, verdeutlicht der nächste Abschnitt.

III. Rechtliche Grundlagen

1. Verbraucher oder Unternehmer?

Kaufverträge kann man unter bestimmten Voraussetzungen widerrufen, so etwa wenn der Vertragsschluss im elektronischen Geschäftsverkehr erfolgt, also per Internet oder telefonisch. So ein Widerrufsrecht schützt allerdings nur Verbraucher gegenüber Unternehmern. Und genau hier beginnt es schon schwierig zu werden. Sicherlich darf sich Verbraucher nennen, wer einmalig einen Duschkopf für den privaten Gebrauch bei einem Internethändler bestellt. Denn Verbraucher ist jede natürliche Person, die ein Rechtsgeschäft zu privaten Zwecken abschließt. Natürliche Personen sind dabei solche, die aus Fleisch und Blut sind. Verbraucher kann daher im Umkehrschluss keine Firma oder kein Unternehmen sein.

Der natürliche und vom Gesetz geschützte Gegenspieler des Verbrauchers ist der Unternehmer, also sicherlich auch der eben erwähnte Internethändler, der in seinem Online-Shop Hunderte von Duschköpfen anbietet. Denn Unternehmer ist, wer ein Rechtsgeschäft zu gewerblichen Zwecken oder in Ausübung einer selbständigen Tätigkeit ausübt.

Es stellt sich die Frage, ob auch schon jemand Unternehmer ist, der beispielsweise unter dem Namen Dieter Dombrowski 30 Donald-Duck-Hefte bei eBay verkauft. Das muss man wohl verneinen, wenn Dieter Dombrowski hierbei nur seine private Sammlung abstößt. Ist Dieter Dombrowski dagegen als »Powerseller« bei eBay registriert, wird man von einem gewerblichen Handel ausgehen müssen, wenn er nebenbei noch verschiedene andere Comics anbietet und somit auf Hunderte von angebotenen Artikeln kommt.

Doch was passiert, wenn Dieter Dombrowski sich trotz seines jahrelang erarbeiteten »Powerseller«-Status als einfacher Verbraucher ausgibt, um das Widerrufsrecht zu umgehen? Die Antwort ist ganz einfach, wenn man bedenkt, dass die Justiz keine Schwindler mag: Dieter Dombrowski muss sich in dem Fall als Unternehmer behandeln lassen. Und da die Justiz also den nach außen gerichteten Auftritt bewertet, gilt umgekehrt ein Verbraucher, der sich als Unternehmer aufspielt (»Mein lieber Herr Meier, als Vorstandsvorsitzender der Dombrowski-Aktiengesellschaft kaufe ich bei Ihnen drei Duschköpfe für unsere Mitarbeiter-Duschen.«), auch tatsächlich als Unternehmer. Selbst wenn er in Wirklichkeit gar keiner ist.

2. Dürfen Sie als Verbraucher (fast) alles?

Nein, alles dürfen Sie als Verbraucher nicht, nicht einmal fast. Haben Sie aber als Verbraucher eine Ware in einem Online-Shop eines Unternehmers gekauft, steht Ihnen ein Widerrufsrecht zu, und Sie können die Ware zurückgeben. Dem liegt der Gedanke zugrunde, dass der Verbraucher die Ware, wenn er Sie im Internet bestellt, anders als im Laden nicht ausprobieren kann.

Sicher wissen Sie, dass Sie Ihre gekauften Körnerbrötchen vom Bäcker um die Ecke nicht zurückgeben können, wenn die Familie lieber Croissants gehabt hätte.

Anders verhält es sich aber, wenn Sie für Ihren Jüngsten zum Geburtstag eine lebensgroße Tyrannosaurus-Rex-Figur im Online-

Shop eines großen Versandhändlers bestellen. (Doch, das ist möglich!) Zu Hause stellen Sie fest, dass der Dino wider Erwarten nicht ins Kinderzimmer passt. Um ihn zurückzugeben, steht Ihnen eine Frist von 14 Tagen zu. Es genügt, wenn Sie den T-Rex rechtzeitig abschicken – wann der Verkäufer den Dino zurückerhält, spielt keine Rolle. Grundsätzlich beginnt die Frist mit Vertragsschluss. Sie beginnt aber nicht, wenn der Unternehmer den Verbraucher nicht ordnungsgemäß über sein Widerrufsrecht aufgeklärt hat (Fristdauer dann ein Jahr und 14 Tage).

Sollten Sie neben dem Dino noch ein Aftershave gekauft haben und wurde der Dino drei Wochen nach dem Aftershave geliefert, beginnt auch die Widerrufsfrist für das Aftershave erst mit Lieferung des letzten Gegenstandes, also mit Lieferung des Dinos.

Zur Ausübung des Widerrufsrechts ist es nicht ausreichend, die Ware an den Händler zurückzuschicken. Es reicht auch nicht, wenn Sie den Dino einfach vor die Geschäftsräume des Händlers stellen. Hängen Sie dem Dino allerdings ein Schild um den Hals – etwa mit den Worten »Ich will den T-Rex nicht mehr, er macht meiner Frau Alpträume, nehmen Sie Ihn gefälligst bitte wieder zurück« –, oder machen sonst wie klar, dass Sie unzufrieden sind und die Ware nicht mehr wollen, haben Sie wirksam Ihr Widerrufsrecht ausgeübt. Viele Unternehmer stellen darüber hinaus Formulare für Widerrufserklärungen bereit, deren Erhalt der Unternehmer gegenüber dem Verbraucher bestätigen muss.

3. Die Folgen des Widerrufs – Geld zurück!

Ist erst einmal ein Widerruf erklärt, sind die jeweils ausgetauschten Leistungen zurückzugewähren. Der Verbraucher muss den Dino also zurückschicken, der Händler den Kaufpreis zurückzahlen. Dabei muss der Kaufpreis in der Weise zurückgezahlt werden, wie die erste Zahlung stattgefunden hat. Haben Sie per PayPal mit Euro gezahlt, darf der Händler Ihnen keinen Dollar-Scheck ausstellen. Der Verbraucher muss grundsätzlich die Kosten für den Rücktransport bezahlen, es sei denn, der Verkäufer übernimmt die Rücksendekosten freiwillig. Dazu sollten Sie ins Kleingedruckte schauen, MediaMarkt, Zalando, Douglas und zum Teil auch Amazon sind da kulant. Rücksendekosten sind stets zu tragen, wenn Sie als Käufer nicht wirksam über die Höhe der Rücksendekosten aufgeklärt wurden. Kann die verkaufte Ware nicht per Paket versendet werden, reicht es aus, dass der Verkäufer den Höchstbetrag der Rücksendung schätzt, wenn er vernünftigerweise die Kosten dafür im Voraus nicht angeben kann – denken Sie nur an den lebensgroßen T-Rex.

Der Rückversand Ihres Dinos kann also teuer werden! Zwar hat der Händler Ihnen wahrscheinlich nur eine Versandpauschale von 6,99 Euro berechnet, Sie hingegen müssen davon ausgehen, dass Sie die Versandpauschale als Privatperson eher nicht in Anspruch nehmen können. Der Dino wiegt bestimmt mehr als das zulässige Gewicht von fünf Kilo (ganz zu schweigen von den Paketabmessungen), daher müssen Sie sich um einen teuren Versand durch eine Spedition, spezialisiert auf den Schwertransport von Windrädern und Brückenpfeilern, bemühen.

Und was, wenn der T-Rex beim Versuch, ihn ins Kinderzimmer zu bugsieren, einen Zahn verloren hat? In solch einem Fall ist durch die Verwendung der Ware ein Wertverlust eingetreten. Sie als Verbraucher müssen dem Unternehmer Wertersatz leisten.

Anders verhält es sich, wenn der Wertverlust durch einen Umgang entstanden ist, der zur Prüfung der Sache erforderlich war – dann ist ein Wertersatz ausgeschlossen. Und weil auch das Befüllen Ihres Wasserbettes unter die mehrtägige Prüfung der Sache fällt, muss Ihnen in diesem Fall der gesamte Kaufpreis zurückerstattet werden.

Nichts mit dem gesetzlichen Widerrufsrecht zu tun hat das meist kostenlose vertragliche Rückgaberecht, welches alle großen Internet-Versandanbieter ausschließlich aus Kundenbindungsgründen freiwillig gewähren. Sie gewähren dieses freiwillige Rückgaberecht innerhalb eines bestimmten Zeitraums, meist von 30 Tagen, ab Warenerhalt. Bei Zalando beträgt die Frist sogar 100 Tage. Voraussetzung hierfür ist lediglich, dass die Ware vollständig, unversehrt und mit den Originaletiketten versehen zurückgesendet wird. Waren mit Gebrauchsspuren sind in den meisten Fällen von der Rückgabe ausgeschlossen.

Meist sind die Rücksendungen versandkostenfrei, es muss lediglich eine Registerkarte »Retoure« ausgefüllt und der Rücksendung beigelegt werden. Oft wird sogar eine Abholung durch einen Lieferdienst ermöglicht, sofern die Ware versandfertig bereitgehalten wird.

Sollten Sie allerdings auf die unrühmliche Idee kommen, Ihre Rückgabemöglichkeiten zu missbrauchen, müssen Sie mit dem Widerstand der Unternehmen rechnen – zum Beispiel wenn Sie ein Paar

Skier nach einer Woche Winterurlaub zurückschicken, das TV-Gerät nach der Fußball-WM oder ihr (nur leicht angeschwitztes) Karnevalskostüm am Aschermittwoch.

Viele Anbieter haben in ihren Allgemeinen Geschäftsbedingungen geregelt, dass sie ohne Angabe von Gründen beim Verdacht von missbräuchlicher Nutzung der Rückgabemöglichkeiten den Kunden-Account kündigen können. Amazon erklärte auf eine Anfrage des Kundenbewertungsportals Teltarif[21] lediglich nebulös, dass »verschiedene elementare Kriterien« erfüllt sein müssen, damit »berechtigte Gründe« vorliegen. Amazon sah diese Voraussetzungen aber beispielsweise in einem Fall bereits als gegeben an, in dem ein Kunde in einem Jahr bei insgesamt fast 190 Bestellungen sechs Artikel zurückgesendet hatte, was einer Rückgabequote von lediglich drei Prozent entspricht.

Immerhin: Das Oberlandesgericht Köln hat 2015 eine Klausel in den Amazon-AGB für unwirksam erklärt, wonach bei Missbrauch der Rückgabemöglichkeiten sogar eine lebenslange Account-Sperrung erfolgen kann, da dies auch den Zugriff auf erfolgten Digital-Lieferungen etwa von Büchern, Songs oder Filmen nach sich zöge (Az.: 6 U 90/15).

IV. Checkliste

✓ Kaufen Sie als Verbraucher bei einem Unternehmer im Internet, steht Ihnen ein Widerrufsrecht zu.

- ✓ Der Widerruf muss ausdrücklich und nachweislich gegenüber dem Unternehmer erklärt werden. Er muss keine Begründung enthalten. Nutzen Sie, wenn möglich, ein Widerrufsformular des Verkäufers, füllen Sie dieses aus und lassen Sie sich dessen Erhalt durch den Verkäufer betätigen.
- ✓ Die Widerrufsfrist beträgt grundsätzlich 14 Tage.
- ✓ Sie tragen als Verbraucher die Rücksendekosten.
- ✓ Wertersatz ist nicht für einen Wertverlust zu leisten, der auf die Prüfung der Sache zurückzuführen ist.
- ✓ Viele Online-Händler sind bei Rücksendungen großzügiger, als es das Gesetz erfordert. Schauen Sie dazu in die jeweiligen Verkaufs- und Rückgabebedingungen und beachten Sie die dort genannten Formalien.

V. Nützliche Links und Paragraphen

- http://www.spiegel.de/wirtschaft/service/black-friday-und-cyber-monday-so-sparen-sie-wirklich-a-1180179.html

- http://www.finanztip.de/blog/punkt-fuer-punkt-so-schicken-sie-ihren-onlinekauf-zurueck-zum-haendler/
- § 13 BGB zum Verbraucherbegriff
- § 14 BGB zum Unternehmerbegriff
- §§ 312c, 312d, 312g, 355, 356, 357 BGB zum Widerrufsrecht

VORSICHT VOR ABOFALLEN

I. Einführung

Unlautere Geschäftspraktiken gibt es viele. Waren es in den Neunziger-Jahren noch Drückerkolonnen, die rüstigen Rentnern Auto-Tuning-Zeitschriften aufschwatzten, so scheint sich die Täuschung der Verbraucher nunmehr von der Haustür ins Internet verlagert zu haben. Kaum eine Dienstleistung, die übers Internet erbracht wird, hinter der noch keine Abofallensteller lauern. Von Kochrezepten über Routenplaner, von Tattoo-Vorlagen über Horoskope, von Rezepten über Erotikberatungen bis hin zu angeblich kostenlosen Songtexten oder Märchen – überall können unseriöse Geschäfte lauern.

Meist gehört zum Geschäftsmodell, dass vermeintlich berechtigte, weil angeblich von Ihnen beim Anmeldevorgang akzeptierte Kosten von darauf spezialisierten Rechtsanwaltskanzleien angemahnt und eingetrieben werden und deren Gebühren »praktischerweise« auch gleich fällig sind. Das scheint zu funktionieren, viele Betroffene fühlen sich eingeschüchtert und bezahlen, denn wer bekommt schon gerne von Juristen formulierte Zahlungsaufforderungen?

Doch Vorsicht: Post vom Anwalt zu erhalten bedeutet nicht automatisch, dass die geltend gemachte Forderung berechtigt ist und

Sie zur Zahlung verpflichtet sind. Oft gehört zu besonders perfiden Abofallen nämlich nicht nur der Aboanbieter selbst, sondern auch eine mit diesem nicht selten geschäftlich verbandelte Anwaltskanzlei, die dessen oft nur vermeintliche Rechte verfolgt.

II. Fall

»Surfen mit High-Speed« stand auf der Verpackung – stattdessen wird der Computer immer langsamer, bis sich nichts mehr zu rühren scheint. Eigentlich wollten Sie doch nur entspannt abends auf dem Sofa liegend den nächsten Urlaub planen. Aber so wird die Suche nach dem geeigneten Hotel auf den verschiedenen Urlaubsportalen zur Qual.

Da naht Rettung: In Ihrem Internetbrowser poppt ein Banner auf, man schlägt Ihnen den kostenlosen Download einer Software vor, welche Ihren Computer bereinigt und sämtliche geschwindigkeitshemmenden Faktoren beseitigt. Tatsächlich laden Sie unter Eingabe Ihrer Anschrift und E-Mail-Adresse die Software herunter, bestätigen den Verzicht auf Ihr Widerrufsrecht, akzeptieren mit einem Häkchen, dass Sie die AGB gelesen haben – was Sie natürlich nicht gemacht haben und dabei in guter Gesellschaft sind –, und stellen wenige Minuten später fest, dass die kostenlos heruntergeladene Software leider wirkungslos ist.

Genervt schalten Sie den PC aus und buchen die Reise dann doch lieber im Reisebüro. Entspannt kommen Sie Wochen später aus dem Urlaub wieder und checken Ihr E-Mail-Postfach. Der Softwareanbieter hat Ihnen eine Rechnung über 500 Euro geschickt und freut sich, Ihnen seine Software zu diesem Preis jährlich für die nächsten zwei Jahre zur Verfügung zu stellen.

Sie nehmen die E-Mail nicht ernst und verschieben diese in Ihren Papierkorb. Wenig später holt Sie die Realität ein, und zwar in Form einer schriftlichen Aufforderung eines Rechtsanwalts, der Sie freundlich, aber bestimmt auffordert, die angeblich vereinbarte Jahresgebühr zu begleichen – zuzüglich der Kosten für die anwaltliche Tätigkeit, das macht nochmal knapp 250 Euro. Der Hinweis des Rechtsanwaltes, man werde bei Nicht-Zahlung innerhalb von 14 Tagen den Klageweg beschreiten, verstärkt Ihre Bauchschmerzen noch mehr:

!!! DRINGENDE AUFFORDERUNG !!!

Sie haben erworben:

24 Monate Mitgliedschaft, Mitgliedsbeitrag 500,00 Euro laut unseren Nutzungsbedingungen, einsehbar unter www.maps-24-routenplaner.com/nutzungsbedingungen.
Rechnungsbetrag: 500,00 Euro inkl. der gesetzlichen MwSt.
Zusätzlich sind durch den Zahlungsverzug bereits Mahnspesen in der Höhe von 30,00 Euro angefallen.

Da wir bis heute trotz mehrmaliger Mahnungen noch immer keinen Zahlungseingang von Ihnen verzeichnen konnten, sehen wir uns nunmehr gezwungen, SOLLTEN WIR NICHT BINNEN ZWEI TAGEN DEN ZAHLUNGSEINGANG FESTSTELLEN, die zuständige Staatsanwaltschaft einzuschalten.

Wer eine Dienstleistung in Anspruch nimmt, mit der Absicht diese nicht zu bezahlen, macht sich zumindest des versuchten Betrugs strafbar, dieser Umstand genügt, um eine Anzeige bei der Staatsanwaltschaft zu erstatten.

Wie Ihnen bereits bekannt ist, wurden sämtliche Verbindungen, Eingaben und Nutzungen auf dem Server protokolliert.

Nur durch die SOFORTIGE Begleichung des offenen Betrages können Sie diese unschöne Angelegenheit endlich aus der Welt schaffen, andernfalls müssen Sie mit den bisher genannten Konsequenzen und negativen Auswirkungen rechnen.

Wenn Sie trotzdem versuchen, die Nerven zu behalten und weiterhin nichts tun, kann es vorkommen, dass Sie eine weitere Mail wie die folgende (der Rechtswirklichkeit entnommene!) erhalten, nach der Ihnen vermutlich endgültig der kalte Schweiß ausbricht:

Leider haben Sie die offene Rechnung mit der Nummer 1234 vom 31.05.2017 noch immer nicht beglichen.

Wir haben nun einen Vollstreckungstitel bei Gericht gegen Sie erwirkt. Aus diesem Grund wird Sie am Freitag, den 04.08.2017 um 10.00 Uhr unser Inkasso-Team besuchen, um Ihre Wertgegenstände zu pfänden. Soweit es möglich ist, werden die Gegenstände mit dem Kleintransporter abtransportiert, für größere Gegenstände wird eine Spedition beauftragt. Sollten Sie nicht zu Hause sein oder die Tür selbst öffnen, wird ein Schlüsseldienst hinzugezogen, der die Tür dann öffnen wird. Die Mehrkosten müssen wir Ihnen natürlich zusätzlich in Rechnung stellen. Sollten Sie Widerstand leisten, werden wir die Polizei hinzuziehen.

Die einzige Möglichkeit diese Maßnahme noch abzuwenden, ist die unverzügliche Bezahlung des offenen Betrages von 500 Euro incl. 250 Euro Anwaltskosten bis spätestens Dienstag, den 01.08.2017, anderenfalls sind wir gezwungen, Ihre Wertgegenstände zu pfänden und zu veräußern.

Vielen Dank

INKASSO
XYZ GmbH

III. Rechtliche Grundlagen

Sie fragen sich: Bin ich tatsächlich verpflichtet, bis zur Wirksamkeit einer Kündigung jährlich 500 Euro und zusätzlich auch noch die Gebühren des Rechtsanwaltes für dessen »anwaltliche Tätigkeit« im Auftrag des Aboanbieters in Höhe von 250 Euro zu bezahlen? Immerhin, Sie sind nur verpflichtet, die Kosten der anwaltlichen Tätigkeit als eine Art Schadensersatz zu begleichen, wenn Sie auch verpflichtet sind, die 500 Euro Jahresgebühr zu zahlen. Der Gedanke dahinter: Wenn Sie gleich freiwillig bezahlt hätten, wäre die Anwaltseinschaltung nicht nötig gewesen.

Ob Sie aber das Abo bezahlen müssen, hängt davon ab, ob Sie eine rechtsgültige Verpflichtung dazu eingegangen sind. Eine solche Verpflichtung Ihrerseits könnte sich aus einem Vertrag ergeben, den Sie möglicherweise mit dem Softwareanbieter abgeschlossen haben.

Ein Vertrag setzt unter anderem voraus, dass sie sich mit dem Vertragspartner über die wesentlichen Vertragsbestandteile (sog. Essentialia negotii) geeinigt haben. Wenn man die Bereitstellung der Software als Miete im Rechtssinne qualifiziert, so müssen Sie sich als Wesentlichkeit des Mietvertrags auch und vor allem über das Erfordernis eines Mietpreises geeinigt haben. Der Anbieter der Software und der Abmahnanwalt werden argumentieren, dass dies zwar nicht ausdrücklich erfolgte, Sie aber mit Setzen des Häkchens die Allgemeinen Geschäftsbedingungen (AGB) des Softwareanbieters akzeptiert haben. Deren ausgetüftelte Bedingungen, so die Gegenseite, gelten dann, und auch die Preisklausel sei wirksam vereinbart worden.

Aber nicht jede Regelung in den AGB ist rechtswirksam. Allgemeine Geschäftsbedingungen sind Bedingungen, die ein Unternehmer gegenüber einem Verbraucher stellt, die aber für eine Vielzahl von Verträgen vorformuliert sind. In unserem Fall sind dies die Bedingungen hinsichtlich der Software. Diese möchte der Anbieter nicht nur Ihnen anbieten, denn sonst funktionierte sein Geschäftsmodell nicht. AGB-Klauseln dürfen aber weder überraschend noch unklar oder unverständlich sein. Andernfalls sind sie unwirksam.

All das trifft wohl auf die versteckte Preisklausel zu: Es ist überraschend, wenn zunächst ein Gratisangebot vorgegaukelt, dann aber der Besteller der Software versteckt in den AGB zur Kasse gebeten wird. Klar und verständlich ist die Preisklausel somit auch nicht: Sie ist in den AGB nicht nur schwer zu finden, es wird auch der Anschein erweckt, die Leistung sei unentgeltlich.

Ein weiterer unkomplizierter Ansatzpunkt: Prüfen Sie, ob Ihnen ein Widerrufsrecht zusteht. Bei den meisten im Internet geschlossenen Verträgen ist das der Fall, so auch hier. Die Einräumung eines Widerrufsrechts als Verbraucherschutzrecht ist zwingend und kann nicht durch eine Vereinbarung zwischen Unternehmer und Verbraucher ausgeschlossen werden. Sie müssen Ihren Widerruf gegenüber dem Unternehmer in der Regel, wenn dieser Sie ordnungsgemäß über Ihr Widerrufsrecht belehrt hat, innerhalb von 14 Tagen erklären.

Die Belehrung gilt als nicht erfolgt, wenn mehr als zwei Wochen vergangen sind und der Unternehmer das Widerrufsrecht ausgeschlossen hat. Ihnen bleiben dann zwölf Monate und weitere 14 Tage (nach Abgabe Ihrer vermeintlichen Erklärung zum Abschluss des Softwarevertrages), Ihre Erklärung zu widerrufen.

Falls es Ihnen bisher noch nicht gelungen ist, den Anspruch des Softwareanbieters abzuwehren, sei noch gesagt, dass Sie den Vertrag anfechten oder kündigen können. Für beides brauchen Sie jedoch einen Grund. Die Anfechtung kommt wegen arglistiger Täuschung in Betracht, allerdings dürfte es schwierig werden, dem Software-Anbieter den inneren Vorsatz einer Täuschung nachzuweisen. Eine außerordentliche Kündigung (die ordentliche ist in der Regel bis zum Ende der Vertragslaufzeit von einem Jahr oder zwei Jahren bei

Abofallen ausgeschlossen) hat ebenfalls ihre Tücken, da sie einen Kündigungsgrund voraussetzt. Dies ist in der Regel eine nicht vertragsgemäße Leistung. Hier müssen Sie also auch nachweisen, dass Sie vom Softwareanbieter nicht das bekommen haben, was Ihnen vertraglich zugesichert wurde. Da beide Nachweise schwierig zu erbringen sind, gehen Sie immer den einfacheren Weg, wenn Sie den Vertragsschluss angreifen, AGB-rechtlich vorgehen oder widerrufen.

Schließlich wäre es denkbar, den Anbieter und Betreiber einer Abofalle bei der zuständigen Staatsanwaltschaft wegen (versuchten) Betruges anzuzeigen. Auch eine Meldung beim zuständigen Gewerbeaufsichtsamt hilft oftmals. Meist sind aber derartige Anbieter nicht ordnungsgemäß in Deutschland gemeldet und deshalb auch nicht zu belangen. Listen der offensichtlich unseriösen Anbieter finden sich im Netz. Sicherheitshalber sollten Sie aber bei den Verbraucherzentralen nachfragen, ob »Ihr« Anbieter dort bekannt ist.

Häufig genügt in solchen Fällen, die oft unberechtigten Zahlungsaufforderungen schlicht zu ignorieren. Denn Geschäftsmodell derartiger unseriöser Anbieter ist oft, darauf zu setzen, dass möglichst viele versehentliche Besteller auf die aggressiv vorgetragenen Mahnungen hin eingeschüchtert sind und irgendwann doch bezahlen. Zu diesem Zweck werden die Mahnungen mit jedem Schreiben immer aggressiver und die angeblichen Mahngebühren immer höher, so dass viele Betroffene aufgrund des Psychoterrors irgendwann aufgeben und bezahlen. Sie nicht, denn Sie wissen ja jetzt Bescheid!

IV. Checkliste

✓ Prüfen Sie die Bedingungen eines Angebots auf eine Preisregelung, wenn Ihnen eine vermeintlich kostenlos angebotene Leistung verdächtig vorkommt.

✓ Googeln Sie nach Erfahrungen anderer mit dem Unternehmen.

✓ Eine einfache Lösung, sich von einem im Internet geschlossenen Vertrag loszulösen, ist stets der Widerruf: Er setzt keinen Grund voraus und verlangt von Ihnen keinen Nachweis einer Vertragsverletzung. Aber Achtung: Manche Verträge (z. B. die Buchung eines Flugtickets) können nicht widerrufen werden. Ist das Widerrufsrecht abgelaufen, verteidigen Sie sich damit, dass gar kein Vertrag zustande gekommen ist.

✓ Lassen Sie sich von Abmahnanwälten nicht einschüchtern. Deren Geschäftsmodell beruht darauf, dass von vielen oft zu Unrecht Abgemahnten einige wenige zahlen, nur um ihre Ruhe zu haben. Falls der Abmahnanwalt wiederholt schreibt oder aber ein gerichtlicher Mahnbescheid oder andere Gerichtspost bei Ihnen eintrifft, gehen Sie am besten schleunigst zu einem Rechtsanwalt, um Formfehler und die Versäumnis behördlicher Fristen zu vermeiden. Gewinnen Sie den Prozess, muss der Gegner – sofern er nicht längst das Land verlassen oder dieses nie betreten hat – auch Ihren Anwalt bezahlen.

V. Nützliche Links und Paragraphen

- Watchlist Abofallen: https://www.watchlist-internet.at/abo-fallen/
- § 155 BGB, §§ 305 ff. BGB
- § 263 StGB (Betrug)

DAS GEFÄHRLICHE LEBEN DER EBAY-SCHNÄPPCHENJÄGER

I. Einführung

Auf dem Online-Auktionsportal ebay.de treffen sich neben ganz normalen eBay-Nutzern, Käufern wie Verkäufern, täglich auch so genannte Abbruchjäger und Preistreiber. Beide verfolgen das Ziel, auf Kosten anderer und unter Ausnutzung der eBay-Bedingungen ein gutes Geschäft zu machen.

Der Abbruchjäger gibt ein bewusst niedriges Gebot ab und hofft auf den Abbruch der Auktion durch den Verkäufer. Der Preistreiber agiert genau andersherum und nutzt einen zweiten eigenen eBay-Account oder bittet Freunde und/oder Bekannte, den Preis durch künstliche Gebote (oder juristisch: Gebote ohne Rechtsbindungswillen) nach oben zu treiben.

So kann es passieren, dass ein VW Passat mit einem Wert von mehreren Tausend Euro für einen Euro verkauft wird, oder aber der gleiche Passat für einen Preis verkauft wird, der deutlich über seinem eigentlichen Wert liegt. Wie das ablaufen kann? Das zeigt der nachfolgende Fall.

II. Fall

Halb sieben am Samstagmorgen, Nieselregen, acht Grad. Früher hätten Sie um diese Zeit draußen auf dem Flohmarkt hinter Ihrem Tapeziertisch gehockt und auf irgendjemanden gewartet, der sich vielleicht noch für Ihre Konsalik-Reihe oder Omas fast vollständiges Porzellanservice begeistern lässt. Das hat sich erledigt: Jetzt sind Sie Ebayer und schließen ihre Privatgeschäfte nur noch online per PC, Tablet, Handy ab – Geräte, die sich bequem auch im Warmen bedienen lassen. Ihnen als Verkäufer ermöglicht dies zudem, Ihr Angebot an einen riesigen Käuferkreis zu richten und nicht nur an das alteingesessene Flohmarktpublikum. Noch dazu ist eBay rund um die Uhr verfügbar, und die Auktionsgebühren dürften geringer als die für den Flohmarktstand ausfallen.

Sind Sie Käufer, steht Ihnen eine schier unbegrenzte Auswahl offen, und Sie können im Gegensatz zum Flohmarkt noch darauf hoffen, dass nicht ausschließlich Einrichtungsgegenstände aus Omas entrümpelter Wohnung angeboten werden.

Will man womöglich seine alte Familienkutsche bei eBay verhökern, verzichtet der potentielle Käufer oftmals sogar auf eine vorherige Besichtigung des Autos (Bilder sagen mehr als tausend blumige Worte eines Verkäufers). So kann es Ihnen gelingen, Ihr Auto – wirksam – unter Ausschluss jeglicher Haftung und Gewährleistung zu verkaufen. Darüber hinaus können Sie sich freuen, zu Hause keinen Besuch von Interessenten zu bekommen, die Ihnen lästige Fragen zum angebotenen Auto stellen (»Geht noch was am Preis?« oder »Da sehe ich doch eine Delle!«). Streit ist aber programmiert, wenn das verkaufte Auto der Beschreibung nicht entspricht oder nicht dem, was der Käufer sich womöglich vorgestellt hat.

Doch auch neben dem Klassiker des fehlgeschlagenen Autokaufs (nicht nur auf eBay) gibt es zwei Phänomene, die Abbruchjäger und die Preistreiber. Sie treten immer häufiger bei dem Verkauf von höherpreisigen Artikeln wie eben Autos auf – und zwar ausschließlich bei eBay.

Der Abbruchjäger ist meistens ein gewiefter eBay-Profi, seit Stunde null dabei. Er durchforstet also mal wieder die Verkaufsplattform und stößt dabei auf Ihren gebrauchten VW Passat. In Ihrer Artikelbeschreibung haben Sie angegeben, dass der VW auch anderweitig angeboten wird. Restlaufzeit des Angebotes: fünf Tage und 22 Stunden. Startpreis: ein Euro. Bislang noch kein Gebot. Der Abbruchjäger sieht seine Chance und bietet also 300 läppische Euro für den Wagen, der noch viel mehr wert ist, aber trotzdem bislang noch keinen Interessenten gefunden hat. Da er somit als Einziger bietet, ist sein Gebot das Höchstgebot. 300 Euro sind Ihnen aber viel zu wenig. Mangels ernstzunehmender Online-Angebote verkaufen Sie Ihr Auto deshalb lieber in der realen Welt für 9000 Euro und brechen die Online-Auktion ab.

Darauf hat der Abbruchjäger bereits spekuliert und erhält erwartungsgemäß am Tag nach Abgabe seines Gebots eine E-Mail von eBay, in welcher ihm mitgeteilt wird, dass Sie, der Verkäufer, die Auktion abgebrochen haben. Daraufhin wendet sich unser Abbruchjäger an Sie persönlich. Sie teilen ihm mit, dass Sie den VW bereits anderweitig für 9000 Euro verkauft haben, Sie wünschen ihm viel Glück bei der Weitersuche und stets gute und sichere Fahrt.

Wenn Sie dachten, damit habe sich die Angelegenheit erledigt, dann haben Sie die Rechnung ohne den Abbruchjäger gemacht. Dieser regt sich nämlich fürchterlich darüber auf, dass Sie die Auktion vorzeitig beendet haben. Er meint, ihm sei nun ein 300-Euro-Schnäppchen im Wert von mehreren Tausend Euro durch die Lappen gegangen (womit er ja eigentlich auch nicht ganz Unrecht hat), und droht mit einer Schadensersatzklage.

Unser Preistreiber hingegen ist anders als der Abbruchjäger der aktive Part und verkauft in unserem Beispielsfall ebenfalls einen VW Passat, auf den Sie ein Auge geworfen haben. Er hat dabei eine genaue Vorstellung, wie er den Mindestwert bei einem eBay-Verkauf optimieren kann. Dafür nutzt er ein zweites Nutzerkonto, welches nur Bewertungen seines üblicherweise genutzten Kontos hat, dafür aber 100 Prozent positiv (jede Bewertungen mit dem gleichen Wortlaut: »Alles bestens, vielen Dank«). Dieses zweite Nutzerkonto dient nur dem Zweck, einen weiteren Mitbewerber vorzugaukeln und so den Preis des Passats künstlich hochzutreiben. Auf diese Art liefert sich der Preistreiber eine erbitterte Preisüberbietung mit Ihnen, dem einzigen realen und ernsthaften Bieter, dessen Gebote der fiktive Mitbieter – in Wirklichkeit der Verkäufer selbst – stets überbietet. So kann der Preis des Passats deutlich von Ihrem ursprünglichen Höchstgebot (z. B. zehn Euro) über den wirklichen Wert des Autos getrieben werden (z. B. bis auf 10 000 Euro), bevor Sie, vom Jagdfieber gepackt, den Zuschlag erhalten.

Gut möglich, dass Sie nach Auktionsende Kaufreue verspüren. Wenn Sie dann einem solchen Preistreiber auf die Schliche kommen und sein Wirken auch beweisen können, haben Sie gute Chancen, das Auto Ihrer Träume doch noch zu einem weitaus niedrigeren Preis erwerben zu können.

III. Rechtliche Grundlagen

Der Preistreiber hat unter Anwendung der üblichen Vertragsgrundsätze das genaue Gegenteil von dem erreicht, was er wollte. Er hat den Preis nämlich nach unten getrieben. Obwohl der Zuschlag auf 10 000 Euro lautete, ging der Passat für zehn Euro in Ihren Besitz über – denn so viel lautete das einzig legale Gebot, nämlich Ihr ursprüngliches Mindestgebot. Gemessen an seinem Zustand dürfte dieser Passat höchstwahrscheinlich das günstigste Auto gewesen sein, das Sie jemals gekauft haben.

Um dies zu verstehen, lohnt ein kurzer Blick in die allgemeine Vertragslehre: Ein Vertrag setzt ein wirksames Angebot und eine wirksame Annahme des Angebots voraus. Beides sind Willenserklärungen. Eine solche besteht aus dem inneren und dem äußeren Tatbestand der Willenserklärung.

Den inneren Tatbestand der Willenserklärung formt

- Der Handlungswille: Ich will bewusst handeln, was nicht vorliegt, wenn ich lediglich aus Reflex den Arm hochhebe, um meinen Freund Werner zu grüßen, mich aber leider auf einer Auktion befinde und den Zuschlag für eine Ming-Vase erhalte.

- Der Rechtsbindungswille: Dieser fehlt, wenn ich spaßeshalber erkläre, das Kanzleramt für eine Milliarde Euro kaufen zu wollen, obwohl ich doch lieber in meinem Reihenhaus wohnen bleiben möchte.

- Der Geschäftswille: Ich möchte das besichtigte Auto vom anwesenden Verkäufer kaufen.

Der äußere Willenstatbestand besteht aus dem Dreiklang Handlungswille, Geschäftswille und Erklärungsbewusstsein. War es für den Auktionator demnach erkennbar, ob ich jemanden grüße oder aber ein Gebot abgebe?

Schließen zwei verschiedene Personen einen Kaufvertrag, weil der Käufer das Auto kaufen und der Verkäufer das Auto verkaufen will, sind sowohl innerer als auch äußerer Tatbestand der Willenserklärung erfüllt.

Was passiert aber, wenn nun Käufer und Verkäufer identisch sind, weil der Verkäufer sein eBay-Zweitkonto nutzt und nur als Scheininteressent den Preis hochtreibt? In so einem Fall fehlt es dem höheren Gebot des fiktiven Kaufinteressenten bereits am Rechtsbindungswillen, am Erklärungsbewusstsein sowie am inneren und äußeren Geschäftswillen. Somit liegen keine wirksamen Willenserklärungen, kein wirksames Angebot und keine wirksame Annahme vor. Der Verkäufer will ja gerade nicht sein eigenes Auto kaufen und kann es deshalb auch nicht an sich selbst verkaufen. Jedes höhere Gebot als die ursprünglichen zehn Euro basieren auf falschen Gegebenheiten und sind damit unwirksam. Dementsprechend ist das ursprüngliche Angebot von zehn Euro das einzig wirksame.

Als preistreibender eBay-Verkäufer haben Sie daher leider Pech, wenn Sie Ihren Passat – weil Sie eine schlaue, aber leider illegale Idee hatten, den Kaufpreis hochzutreiben – für zehn Euro und damit Tausende Euro unter Wert verkaufen müssen.

Allerdings erscheint ein Auto für zehn Euro wirklich unverschämt günstig. Könnten Sie dem also nicht eine Sittenwidrigkeit und damit die Unwirksamkeit des Kaufvertrages entgegenhalten? Die Antwort lautet Nein. Laut BGH kann keinem noch so günstigen Preis eine Sittenwidrigkeit folgen – schließlich sei die Schnäppchenjagd für eBay geradezu prägend.

Abgesehen davon, dass das preistreiberische Vorgehen auch nach den eBay-Geschäftsbedingungen unzulässig ist, muss auch zivilrechtlich Schadensersatz geleistet werden, nämlich aufgrund des Scheinangebots bei Nichtlieferung des Kaufgegenstandes.

Im Übrigen spricht vieles dafür, dass das Vorgehen des Preistreibers auch strafrechtlich als Betrug geahndet werden kann. Bis jetzt gibt es dazu noch keine höchstrichterliche Entscheidung. An die Nachweisbarkeit eines strafrechtlich relevanten Verhaltens sind jedoch höhere Anforderungen zu stellen als an die Unwirksamkeit einer zivilrechtlichen Willenserklärung. Der Preistreiber kann also weiterhin behaupten, er habe gar nicht selbst ein eigenes Kaufangebot abgegeben und kommt damit im Strafverfahren möglicherweise durch, nachdem er zivilrechtlich schon Schadensersatz leisten musste.

Der Abbruchjäger hingegen bewegt sich auf deutlich dünnerem Eis, wenn er seine »Geschäftspraktik« noch als rechtmäßig begründen will. Denn wer darauf hofft, dass eBay-Auktionen abgebrochen werden, nur um dann auf Schadensersatz zu klagen, missbraucht das Recht, er verdient daher nicht den Schutz des Gesetzes und kann keine Ansprüche gegen den abbrechenden Verkäufer geltend machen.

IV. Checkliste

- ✓ Vertragsschließende Parteien dürfen und können nicht aus ein und derselben Person bestehen. Bei Ihrem eigenen Verkauf dürfen Sie daher nicht als Käufer mitbieten. Tun Sie es dennoch, handelt es sich dabei lediglich um ein Scheinangebot, und der Vertragsschluss ist ungültig. Es gilt dann das niedrigere Gebot des wirklichen Käufers und Bieters.

- ✓ Brechen Sie eine selbst erstellte Auktion nur aus einem der Gründe ab, die in den Geschäftsbedingungen von eBay aufgeführt sind. Andernfalls ist der Abbruch ungültig, und es gilt – sofern kein nachgewiesener Abbruchjäger das höchste Gebot abgibt – das letzte höchste Gebot des Bieters. Erfüllen Sie den Vertrag nicht, müssen Sie Schadensersatz leisten.

✓ Beachten Sie, dass das Verhalten eines Preistreibers oder Abbruchjägers auch strafrechtlich relevant sein kann. Insofern bietet es sich an, die Gebotshistorie zu studieren, um Preistreiberei nachzuweisen, so beispielsweise, wenn ein Preistreiber lediglich Bewertungen von einem einzigen Verkäufer hat.

V. Nützliche Links und Paragraphen

- http://www.ebay.de/gds/Preistreiber-erkennen-und-melden-/10000000006396606/g.html
- http://www.faz.net/aktuell/wirtschaft/ebay-so-lassen-sich-preistreiber-enttarnen-1409682.html
- https://www.lto.de/recht/nachrichten/n/bgh-urteil-viii-zr-100-15-ebay-shill-bidding-preistreiberei-gebot-unwirksam-schadensersatz/
- §§ 433, 281 Abs. 1, 249 BGB (Zahlungsanspruch aus Nichterfüllung des Kaufvertrages)
- §§ 145, 148 BGB (Bindendes Angebot)
- § 117 Abs. 1 BGB (Scheinangebot)
- § 181 BGB (Verbot des Insichgeschäfts)
- § 263 Abs. 1 StGB (Betrug)

WAS MINDERJÄHRIGE IM INTERNET DÜRFEN

I. Einführung

Die Kinder von heute sind »digital natives« – sie sind mit Smartphones und Tablets aufgewachsen und das Bedienen dieser Geräte ist für sie selbstverständlich. Das birgt natürlich auch Gefahren. Denn nicht nur ist das Einkaufen und Bezahlen mitunter viel einfacher und bequemer als der Gang in den örtlichen Supermarkt, nein: Sie als Erziehungsberechtigter sind auch verantwortlich für das digitale Wirken und Werken Ihrer Sprösslinge. Jedoch gesteht Ihnen das Gesetz zu, dass Sie nicht stets zur Verantwortung gezogen werden können, sondern auch der vermeintliche Vertragspartner unter Umständen der Leidtragende sein kann.

II. Fall

Was hat das zu bedeuten? Gerade noch rannten Ihre nicht zu bändigenden sechs- und zwölfjährigen Gören laut schreiend durchs Haus, spielten Luke Skywalker gegen Darth Vader und strapazierten Ihre

Nerven bis kurz vorm Zusammenbruch. Doch plötzlich – ist es still um die Brut! Jetzt sitzen die beiden auf dem Sofa, andächtig in Ihre Tablets versunken. Hat da jemand behauptet, elektronische Medien seien für die Kinder pädagogisch nicht unbedingt wertvoll? Schwamm drüber, Hauptsache, Sie haben mal Ihre wertvolle Ruhe. Bestimmt fördern die Kurzen ihren Geist mit Denk- und Lernspielen, natürlich auf Englisch oder Chinesisch. Denken Sie!

Keine halbe Stunde später ist es mit der Ruhe schon wieder vorbei. Finn-Emil (12) und Carlotta-Sophie (6) erzählen Ihnen begeistert von Ihrer neuesten Errungenschaft aus dem Internet: Per Lastschriftverfahren (der Ältere hat schon seine eigene EC-Karte) haben die beiden sich je ein Mountainbike mit Vollausstattung zur Alpenüberquerung gekauft, dazu je eine altersgerechte DVD. Lieferung schon morgen.

Sie sind entsetzt. Die weitere Abwicklung muss unbedingt verhindert und die Aktion wieder rückgängig gemacht werden – insbesondere die kostspieligen Fahrradbestellungen. Die Kinder haben doch schon super Fahrräder!

Ihr zwölfjähriger Sohn bekommt zwar ein kleines monatliches Taschengeld auf sein Girokonto überwiesen. Davon darf er sich aber nur Kleinigkeiten für sich selbst kaufen. Ihre sechsjährige Tochter erhält noch gar kein Taschengeld.

Da Sie aber nun für Auseinandersetzungen überhaupt keinen Nerv haben und außerdem noch Ihre Steuererklärung machen müssen, schieben Sie das Problem erstmal auf die lange Bank. Am nächsten Tag stehen die bestellten Prachtstücke schon in Ihrer Diele. Aber die Großeltern haben sich angesagt, und die Wohnung sieht aus wie ein Schlachtfeld, also werden die Sachen schnell – natürlich in der

Originalverpackung – im Keller geparkt. Daraufhin vergessen Sie und Ihre anfangs wild protestierenden Kinder die Käufe erst einmal, doch drei Wochen später fällt Ihnen die Chose siedend heiß wieder ein.

Können Sie den Erwerb ohne rechtliche Auswirkungen wieder rückgängig machen?

III. Rechtliche Grundlagen

Kinder sind bis zu ihrem siebten Geburtstag nicht geschäftsfähig. Sie sind also nicht in der Lage, verbindlich Verträge abzuschließen. Außerdem geschäftsunfähig sind übrigens Personen in einem Zustand krankhafter Störung der Geistestätigkeit, sofern dieser Zustand die freie Willensbestimmung ausschließt. Das gilt aber nicht, wenn es sich um einen seiner Natur nach vorübergehenden Zustand handelt. Wenn Sie also beispielsweise völlig betrunken sind, sind Sie immer noch geschäftsfähig, allerdings kann Ihre Willenserklärung, sich rechtlich zu binden, nichtig sein.

Aber zurück zu Ihren Kindern: Minderjährige ab ihrem siebten Geburtstag sind zwar geschäftsfähig, sie sind aber in ihrer Geschäftsfähigkeit beschränkt. Das bedeutet, dass sie sich grundsätzlich rechtlich binden können, aber nur wenn eine gleichzeitige Einwilligung des gesetzlichen Vertreters vorliegt. Andernfalls ist die Verpflichtung bis zur Zustimmung des gesetzlichen Vertreters schwebend unwirksam. Erst mit der nachträglichen Genehmigung entsteht der Vertrag.

Der beschränkt geschäftsfähige Minderjährige bedarf zu einer Willenserklärung, durch die er nicht lediglich einen rechtlichen Vorteil erlangt, der Einwilligung seines gesetzlichen Vertreters. Mehr als ein rechtlicher Vorteil liegt immer bei gegenseitigen Vertragsbeziehungen vor, also wenn nicht nur der Vertragspartner verpflichtet wird (Lieferung der Ware), sondern auch der Minderjährige (Bezahlung der Ware).

Sie schöpfen schon Hoffnung und Zuversicht, dass die vermeintlichen Verträge Ihres kaufwütigen Nachwuchses schnell und ohne weitere Auswirkungen wieder im Nirwana verschwinden und Sie die Ware einfach nur zurücksenden müssen.

Ganz so einfach ist es jedoch nicht. Denn der Gesetzgeber möchte auch den jungen Mitgliedern unserer Gesellschaft ein Stück Selbstverantwortlichkeit und Freiheit in ihren Entscheidungen zuteilwerden lassen und sie früh mit den Tücken des geschäftlichen Verkehrs vertraut machen. Daher

- gesteht er Minderjährigen zu, ohne Zustimmung eines gesetzlichen Vertreters einen wirksamen Vertrag zu schließen, wenn der Minderjährige dazu Mittel nutzt, die ihm der Vertreter zu diesem Zweck oder zur freien Verfügung überlassen hat.

Wir erinnern uns: Ihre sechsjährige Tochter hat keine solchen eigenen Mittel zur freien Verfügung. Außerdem ist sie voll geschäftsunfähig und kann daher eh keine rechtliche Verpflichtung eingehen. Hier hat also weder der Fahrrad- noch der DVD-Kauf eine rechtliche Wirkung, und die Ware muss weder von Ihrer Tochter noch von Ihnen bezahlt werden.

Ihrem zwölfjährigen Sohn dagegen überweisen Sie ein kleines monatliches Taschengeld auf sein Girokonto. Der Betrag ist zwar nicht zweckgebunden, und Ihr Sprössling darf sich Ware von eher geringem Wert selbst kaufen – darunter könnte zum Beispiel die Star-Wars-DVD fallen, die sich Ihr Sohnemann gegönnt hat. Wichtig bei einem solchen Vertragsschluss ist aber, dass die Leistung bewirkt wurde. Allein die Absichtserklärung des Kindes (»Hiermit gebe ich mein großes Jedi-Ehrenwort, dass ich mich offiziell zum Kauf dieser DVD verpflichte und das Geld in den nächsten Tagen überweisen werde.«) reicht für eine rechtliche Bindung nicht aus. In Ihrem Fall hat Ihr Kind ja aber per Lastschriftverfahren bezahlt. Der entsprechende Betrag ist also schon längst auf dem Konto des Verkäufers gutgeschrieben worden, und damit wurde die Leistung bewirkt.

Und wie verhält es sich bezüglich des abgefahrenen Mountainbikes Ihres Sohnes? Sie haben das (zwar zunächst schwebend unwirksame) Rechtsgeschäft nicht nachträglich genehmigt. Und Sie haben ihm auch kein Taschengeld für den Erwerb derart kostspieliger Dinge überlassen. Also gilt auch dieses Rechtsgeschäft als von Anfang an unwirksam, und weder Sie noch Ihr Sohn sind zur Zahlung verpflichtet.

Da die drei verbliebenen Rechtsgeschäfte (also alle außer dem DVD-Erwerb Ihres Sohnes) nie eine rechtliche Wirkung entfaltet haben und – wie der Jurist sagt – »nichtig« sind, müssen Sie auch nicht von einem Vertrag zurücktreten oder ihn widerrufen. Denn wo es keinen Vertrag gibt, kann auch keiner rückgängig gemacht werden.

Allerdings wird der Verkäufer seine Ware zurückhaben wollen. Diese Rückgabe kann er über die so genannte »ungerechtfertigte Bereicherung« verlangen.

IV. Checkliste

- ✓ Für jeden Internetkauf gilt grundsätzlich zwei Wochen lang ein Widerrufsrecht nach Erhalt der Ware, beginnend erst mit wirksamem Zugang der Widerrufsbelehrung.

- ✓ Auch der Ablauf einer Widerrufsfrist ändert nichts daran, dass rechtsgeschäftliche Handlungen Minderjähriger grundsätzlich von Anfang an nichtig sind.

- ✓ Unterschieden wird zwischen geschäftsunfähigen Minderjährigen (bis zum siebten Geburtstag) und beschränkt geschäftsfähigen Minderjährigen.

- ✓ Nach dem so genannten Taschengeldparagraphen können beschränkt geschäftsfähige Minderjährige Verträge mit geringer wirtschaftlicher Auswirkung eingehen, soweit sie ihre Leistung theoretisch vom eigenen Taschengeld selbst bewirken können.

✓ Bei einem wegen Minderjährigkeit nichtigen Rechtsgeschäft muss die erhaltene Leistung an den Verkäufer zurückgegeben werden.

✓ Gesetzliche Vertreter sind grundsätzlich die sorgeberechtigten Eltern. Der Gesetzgeber sieht ausdrücklich vor, dass bei Meinungsverschiedenheiten die Eltern versuchen müssen, sich zu einigen. Gelingt dies aber bezüglich einer Einwilligung oder Genehmigung nicht, muss gegebenenfalls das Familiengericht entscheiden.

V. Nützliche Links und Paragraphen

- https://www.ecommerce-verbindungsstelle.de/themen/onlinevertraege/minderjaehrige-und-das-internet/koennen-minderjaehrige-im-internet-vertraege-abschliessen/
- http://www.vorsicht-im-netz.de/index.php?id=25
- http://www.kinderrecht-ratgeber.de/kinderrecht/rechtsgeschaefte/internet.html
- § 104 BGB (Geschäftsunfähigkeit)
- § 106 BGB (Beschränkte Geschäftsfähigkeit Minderjähriger)
- § 107 BGB (Einwilligung des gesetzlichen Vertreters)
- § 108 BGB (Vertragsschluss ohne Einwilligung)

- § 110 BGB (Bewirken der Leistung mit eigenen Mitteln; sog. Taschengeldparagraph)
- § 812 BGB (Herausgabeanspruch wegen ungerechtfertigter Bereicherung)
- §§ 1626, 1626a, 1627, 1628, 1629 BGB (Elterliche Sorge; Vertretung des Kindes)

AUF NUMMER SICHER MIT SECURE PAYMENT/PAYPAL

I. Einführung

Bitcoins, PayPal und Co: Der E-Commerce ist unaufhaltsam auf dem Vormarsch. Kein Wunder, dass Amazon bald nicht mehr nur den gewöhnlichen Buchladen, sondern gleich das gesamte Kaufhaus in der Innenstadt ersetzt. Doch wie sicher ist das Bezahlen im Internet, und wie funktioniert das überhaupt?

II. Fall

Wozu noch der lästige Gang ins Kaufhaus, um ein Bügelbrett, ein Stand-up-Paddelboard oder den dritten Band von »Fifty Shades of Grey« zu kaufen, wenn man es auch in der Horizontale erledigen kann? Dass dadurch die Innenstädte veröden und aussterben, blenden wir gekonnt aus – Hauptsache, wir müssen uns nicht unnötig bewegen. Das tun wir ja schließlich schon jeden Tag auf dem Weg von der Wohnung zum Aufzug in die Tiefgarage und mittags vom Büro in die Kantine ein Stockwerk tiefer.

Immer häufiger legen wir reale Waren in virtuelle Einkaufswagen. Und seit der Erfindung des World Wide Web zahlen wir dafür ohne großen Aufwand per Lastschrift oder Kreditkarte. Doch nun sitzen Sie nach einem anstrengenden Bürotag auf Ihrem Sofa, wollen das neue Bügelbrett bezahlen und stellen fest, dass Ihr Portemonnaie mit der Kreditkarte auf dem Küchentisch fünf Meter entfernt von Ihnen liegt. Aufstehen und das Portemonnaie holen? Die 16-stellige Kartennummer für die Zukunft auswendig lernen? Mitnichten! Genau für diese Situation hat ein oberschlauer Nerd aus dem Silicon Valley PayPal erfunden, um Ihnen den Bezahlvorgang noch einfacher zu machen. Und das ist nicht der einzige Vorteil dieses Bezahlsystems.

Allein in Deutschland nutzen nach Unternehmensangaben mittlerweile über 16 Millionen Menschen die Dienstleistungen von PayPal. Um diesen Erfolg zu begreifen, muss einmal die Funktionsweise des Bezahlsystems erläutert werden. PayPal selbst ist keine klassische Zahlungsart wie beispielsweise die Lastschrift, die Überweisung oder die Zahlung mittels Kreditkarte. Vielmehr ist PayPal alles in einem. PayPal funktioniert wie eine Art »Geldbörse«, in der verschiedene Zahlungsarten hinterlegt sind, wie die Lastschrift vom Girokonto des Nutzers oder dessen Kreditkarte. Anstelle der mühseligen Eingabe der Kreditkartendaten oder der eigenen Bankverbindung nach einem Bestellvorgang in einem Online-Shop erfordert PayPal nach der einmaligen Registrierung dort nur noch die Eingabe der hinterlegten E-Mail-Adresse samt Passwort.

Vor diesem Hintergrund ist die zunehmende Beliebtheit PayPals durchaus verständlich. Denn weil der Mensch zu faul war, zu Fuß zu gehen, erfand er das Auto. Und PayPal ist eine neue, sehr bequeme Art zu bezahlen.

Aber noch ein weiterer Vorteil von PayPal kommt vielleicht dem einen oder anderen Nutzer gelegen – Stichwort: diskrete Bezahlung von so genanntem »emotional content«. Damit ist vor allem das Anschauen bestimmter Filme gemeint, allerdings nicht solcher mit besonders herausragendem emotionalem Inhalt, sondern eher die Sorte, auf die vor allem Ihre nicht eingeweihte Ehefrau recht emotional reagieren könnte, sollte sie herausfinden, dass Sie diesen Inhalt hin und wieder zum Privatvergnügen konsumieren. Belastet nun also der Emotional-content-Anbieter direkt Ihre Kreditkarte, könnten Sie Ihr blaues Wunder erleben, wenn Ihre Gattin bei der nächsten Kreditkartenabrechnung unangenehme Fragen stellt. Nicht aber wenn Sie mittels PayPal zahlen, denn dann wird Ihre Kreditkarte nur von PayPal belastet. Ihrer Frau müssen Sie also allenfalls erklären, warum denn bitte schön PayPal die gemeinsame Kreditkarte im vierstelligen Bereich belastet hat. Das können Sie dann auf die vielen Blumenladen- oder Boutiquenbesuche schieben. Anders natürlich, wenn Ihr Ehepartner auch Ihre E-Mails lesen sollte, in denen PayPal regelmäßig Details einer Zahlung sendet. Vielleicht denken Sie einmal darüber nach, Ihr E-Mail-Passwort (»1234«) zu ändern oder auch den seit Jahren unverändert gebliebenen Code zur Entsperrung Ihres iPhones. Aber dies nur als Tipp am Rande.

Noch schlauer ist, wer sein PayPal-Konto (idealerweise unbemerkt) mit Guthaben auflädt und somit die nächste Zahlung des Emotional-content-Anbieters mit diesem Guthaben erfolgt, ohne dass die Kreditkarte oder das bei PayPal angegebene Bankkonto belastet wird.

III. Rechtliche Grundlagen

PayPal ist ein Zahlungsdienstleister, mit dessen Hilfe der Käufer Zahlungen senden und der Verkäufer Zahlungen empfangen kann. Wenn Sie Ihr PayPal-Konto mittels Kreditkarte aufladen, erhalten Sie, wie es PayPal denkbar kompliziert ausdrückt, »einen monetären Wert (PayPal-Guthaben) in Form einer Forderung (gegen PayPal auf Weiterleitung des PayPal-Guthabens beispielsweise. an einen Verkäufer einer Ware) gegen die ausgebende Stelle (PayPal), der auf einem Datenträger (PayPal-Online-Konto) gespeichert ist, gegen Entgegennahme eines Geldbetrags (Aufladung mittels Kreditkarte) ausgegeben wird, dessen Wert nicht geringer ist als der ausgegebene monetäre Wert und der von anderen Unternehmen (z. B. Online-Händler) als der ausgebenden Stelle (PayPal) als Zahlungsmittel akzeptiert wird.«

Da dies bankenrechtlich ein lizenzpflichtiges Finanzgeschäft ist, besitzt PayPal eine luxemburgische Banklizenz. Für Finanzfreaks sei hinzugefügt, dass das E-Geld-Geschäft kein Einlagengeschäft ist und dass PayPal-Guthaben somit keinen Schutz durch die luxemburgische Einlagensicherung genießt. Das heißt: Wenn PayPal Ihr Guthaben nicht mehr an Sie auszahlen kann, weil – was aufgrund des großen Erfolges mehr als unwahrscheinlich ist – es z. B. insolvent ist, springt hier nicht der luxemburgische Staat ein, um das Guthaben an Sie auszuzahlen.

PayPal ist also lediglich ein Auftragnehmer, der im Auftrag des Zahlers Zahlungen sendet und im Auftrag des Empfängers Zahlungen empfängt. So beauftragen Sie PayPal, wenn Sie anweisen, dass PayPal das PayPal-Guthaben (das E-Geld) auf Ihr Bankkonto überweisen soll oder wenn Sie anweisen, dass PayPal Ihr PayPal-Konto mittels Lastschrift von Ihrem Bankkonto aufladen soll. Dafür hat PayPal einen Anspruch auf die vertraglich geschuldeten Gebühren, durch die sich PayPal finanziert.

Wenn Ihr Bankkonto oder Ihre Kreditkarte nicht über ausreichend Guthaben zur Aufladung des PayPal-Kontos verfügt, haben Sie PayPal-Gebühren zu erstatten.

Darüber hinaus ist es möglich, bei PayPal Käuferschutz zu beantragen. Wird dieser Antrag gewährt, erhält der Käufer den aus welchen Gründen auch immer unnütz aufgewandten Zahlbetrag von PayPal zurück. Letztlich haftet dann der Verkäufer für den entsprechenden Zahlbetrag, beispielsweise wenn die gekaufte Ware nicht versendet wurde.

IV. Checkliste

✓ Der Verkäufer bleibt hinsichtlich der Ansprüche des Käufers aus Lieferung, Mangelfreiheit etc. einer Ware alleiniger Vertragspartner und Anspruchsgegner. PayPal ist nur Ihr Vertragspartner, wenn es darum geht, Zahlungen zu senden oder zu empfangen.

✓ PayPal-Guthaben ist nicht durch die Einlagensicherung geschützt.

✓ Der Käuferschutz garantiert nicht, dass Sie als Käufer den mittels PayPal gezahlten Kaufpreis zurückerhalten, wenn der Verkäufer bspw. Ihnen die verkaufte Ware nicht liefert.

✓ PayPal berechnet Gebühren, wenn Ihr PayPal-Konto mangels Deckung Ihres Bankkontos/Ihrer Kreditkarte nicht aufgeladen werden kann.

V. Nützliche Paragraphen

- KWG
- §§ 675c ff. BGB

KAPITEL 4

DIVERSE RECHTSFRAGEN

§

DROHNENFLÜGE VOR GERICHT

I. Einführung

Drohnen, diese lärmenden kleinen Flugobjekte, die zwar keinen Piloten, dafür aber eine Kamera in die Luft tragen, sind mittlerweile fast allgegenwärtig. Keineswegs aber fliegen sie im rechtsfreien Raum.

II. Fall

Stellen Sie sich vor, Sie sind Rentner mit viel Freizeit. Ihre Familie empfiehlt Ihnen, sich doch ein Hobby zuzulegen. Gesagt, getan: Sie besorgen sich im Internet eine Drohne und starten sofort erste Flugversuche. Die Hinweise Ihrer Freunde und Bekannten, dass es bestimmt Regeln gebe, die Sie einhalten müsse, entgegnen Sie, dass Sie sich mit »Behördenkram« nicht unnötig beschäftigen wollen. Schließlich sei so eine Drohne ja Ihr Privatvergnügen, das Ding störe niemand, und Sie passten schon auf, dass Sie keinen Jumbo-Jet vom Himmel holen.

Schon bald beherrschen Sie bzw. Ihre Drohne alle wesentlichen Flugmanöver, und Ihr Handy, das sich praktischerweise unter der

Drohne anbringen lässt, filmt die Natur von oben. Um Material für abendliche Filmvorführungen im Freundeskreis müssen Sie sich keine Sorgen mehr machen.

Das geht so lange gut, bis Ihr Flugobjekt, natürlich ganz und gar unabsichtlich, nicht nur die Einflugschneise des lokalen Verkehrsflughafens passiert, sondern vor allem auf dem Weg dahin wiederholt über der vermeintlich uneinsehbaren Dachterrasse von Nachbarin N. kreist. Was bislang kaum jemand weiß: Frau N. rekelt sich dort an warmen Tagen gern spärlich bekleidet in der Sonne. Irgendwann fällt ihr das zwar leise, aber eben nicht lautlose Fluggerät auf, das über ihr seine Runden dreht. Schon bald kommt ihr der Verdacht, sie selbst könnte Anlass für die Flugbewegung sein. Dieser Verdacht verstärkt sich zur vermeintlichen Gewissheit, als sie feststellt, dass die Frequenz der Drohnenflüge mit der Quantität ihrer Bekleidung in direktem Zusammenhang steht. Schlussendlich ruft sie genervt die Polizei. Diese folgt dem Flug der Drohne am Boden und spürt schließlich Sie auf, der Sie ganz in der Nähe stehen und hochkonzentriert mit der Fernbedienung hantieren. Daraufhin müssen Sie die Drohne unter polizeilicher Aufsicht zu Boden bringen und dann mitansehen, wie das corpus delicti einschließlich Handy als Beweisstück in polizeilichen Gewahrsam gelangt.

Später werden Sie aufs Revier geladen, wo man Ihnen Drohne und Handy wieder aushändigt, allerdings nicht ohne Ihnen eingehend die Rechtslage zu erläutern. Ohne es zu wollen, haben Sie nämlich durch Ihren Drohnenflug über das Grundstück der Nachbarin eine Vielzahl von Vorschriften verletzt.

III. Rechtliche Grundlagen

Drohnenflüge sind zwar flugtechnisch eher simple, juristisch aber komplexe Vorgänge. Ihre Flugbemühungen tangieren nämlich gleich eine Vielzahl von speziellen verwaltungsrechtlichen Vorschriften und auch allgemeinen Gesetzen.

1. Drohnenverordnung

Am 7. April 2017 trat die vom damaligen Bundesverkehrsminister Dobrindt höchstselbst initiierte »Verordnung zur Regelung des Betriebs von unbemannten Fluggeräten«, kurz »Drohnen-Verordnung« in Kraft. Diese ergänzt die eigentlich für größere Flugobjekte geltende Luftverkehrsordnung. Demnach können nur noch Mini-Drohnen mit weniger als 250 Gramm völlig frei betrieben werden. Drohnen werden neudeutsch auch »Multicopter« (je nach Anzahl der Rotoren auch »Quadrocopter«, »Hexacopter« oder »Oktocopter«) genannt und sind unbemannte Luftfahrtsysteme, welche keine »Flugmodelle« (verkleinerte Ausgaben real existierender Flugzeuge) nach § 16 Luftverkehrsordnung darstellen.

An Drohnen, die mehr als 250 Gramm wiegen, muss seit dem 7. Oktober 2017 eine feuerfeste, dauerhaft mit der Drohne verbundene Plakette angebracht sein, auf der Name und Adresse des Eigentümers vermerkt sind. Das Verkehrsministerium empfiehlt Aluminium-Aufkleber mit Adressgravur.

Wer eine mehr als zwei Kilogramm schwere Drohne außerhalb von Modellflugplätzen steuert, muss sich seit dem 1. Oktober 2017 –

sofern er keinen Piloten- oder Modellflugzeug-Führerschein hat – vom Luftfahrtbundesamt einen Drohnen-Führerschein ausstellen lassen. Immerhin, die dazu erforderliche Prüfung kann auch online absolviert werden. Drohnen mit mehr als fünf Kilogramm Gewicht und der Betrieb jeglicher Art von Drohne bei Nacht erfordern eine spezielle Aufstiegserlaubnis. Der Betrieb von Drohnen mit mehr als 25 Kilogramm Gewicht ist stets verboten.

Drohnen aller Art und jeden Gewichts müssen bemannten Luftfahrzeugen stets ausweichen und müssen – sofern keine ausdrückliche Aufstiegserlaubnis erteilt wurde – in Sichtweite des Steuernden bleiben. Außerdem dürfen sie maximal in 100 Meter Höhe über dem Erdboden geflogen werden, es sei denn, es liegt eine Ausnahmeerlaubnis der Landesluftfahrtbehörden vor.

Unabhängig von ihrem Gewicht unterliegen so genannte Kamera-Drohnen, also solche, die in der Lage sind, »optische, akustische oder Funksignale zu empfangen, übertragen oder aufzuzeichnen« sowie kameralose Drohnen von mehr als 250 Gramm Gewicht nun einem generellen Betriebsverbot über Wohngrundstücken. Nur wer eine ausdrückliche Zustimmung des Grundstückseigentümers oder des Nutzungsberechtigten vorweisen kann, darf seine Drohne über bewohntes Gebiet fliegen. Dadurch sollen Privatsphäre, Persönlichkeitsrechte sowie das Ruhebedürfnis der Anwohner gewahrt werden.

Der Betrieb über »sensiblen Bereichen« ist auch außerhalb von Wohngebieten generell untersagt. Wenn man dann allerdings erfährt, was der Gesetzgeber – wohl zu Recht – als »sensibel« und damit als tabu für Drohnen einstuft, dann bleiben für private Drohnen nicht mehr viele Einsatzmöglichkeiten. Verboten ist künftig nämlich der Betrieb über und meist auch im 100-Meter-Umkreis von

- Einsatzorten von Polizei und Rettungskräften,
- Menschenansammlungen,
- Hauptverkehrswegen,
- Industrieanlagen,
- Militäranlagen,
- Kraftwerken,
- An- und Abflugzonen von Flugplätzen,
- Autobahnen,
- Bahntrassen,
- Bundeswasserstraßen,
- Krankenhäusern,
- Gefängnissen,
- oberste Bundes- oder Landesbehörden,
- dem Reichstag,
- Naturschutzgebieten.

Allerdings ist kaum vorstellbar, wie diese Verbote in der Praxis flächendeckend überwacht und eingehalten werden sollen. Von der Schaffung einer generellen »Drohnen-Polizei« in Deutschland ist noch nichts bekannt.

Immerhin gibt es bereits erste Initiativen. So denkt Medienberichten zufolge die CDU-Landtagsfraktion im Brandenburger Landtag darüber nach, Drohnen durch leibhaftige Adler überwachen zu lassen. So soll die Gefahr von Terrorismus aus der Luft verringert werden. Ganz offiziell wurde gegenüber dem zuständigen Innenministerium bereits die Aufstellung einer Adlerstaffel gefordert.

In den Niederlanden ist man schon weiter. Dort fliegen bereits abgerichtete Weißkopfseeadler für die Polizei und holen Drohnen vom Himmel.

In Frankreich war man auch nicht untätig. Dort stehen vier Steinadler im Dienste des Militärs und fliegen nach dem Motto »Einer für alle – alle für einen« gegen Drohnen an. Benannt sind sie nach D'Artagnan und den drei Musketieren aus Alexandre Dumas' weltberühmtem Roman. Dies soll problemlos und ohne Gefahr für die Tiere funktionieren. Durch ein spezielles Training könne die Sicherheit der Tiere gewährleistet werden. Der Adler steige auf, packe die Drohne und bringe sie intakt zu Boden.

In Japan vertraut man lieber auf die Technik. Dort gibt es eigene Drohnenstaffeln, die wiederum Drohnen jagen.

Den Brandenburger Luftsicherheitsexperten ist der japanische Ansatz offenbar zu technisch. Dort, so der innenpolitische Sprecher der CDU-Fraktion, Björn Lakenmacher, bevorzugt man mit der geplanten Adlerstaffel »eine analoge Lösung für ein digitales Problem«.[22] In Deutschland können bei festgestellten Rechtsverstößen Bußgelder nach dem Ordnungswidrigkeitengesetz in einer Höhe von bis zu 10 000 Euro verhängt werden.

2. Verstoß gegen allgemeine Gesetze

Zusätzlich zu den Formvorschriften hat jeder Drohnen-Pilot auch die allgemeinen Gesetze zu beachten.

Luftaufnahmen von privaten Grundstücken oder sonst nicht öffentlich einsehbaren Bereichen verstoßen nicht nur gegen die Drohnen-Verordnung. Das Bürgerliche Gesetzbuch (BGB) verbietet in seinen §§ 823 und 1004 BGB jede Art von Persönlichkeitsrechtsverletzungen durch unerlaubte Foto- und Filmaufnahmen. Verstöße dagegen führen zu Unterlassungs- und Schadensersatzpflichten.

Ergänzend verbietet das Kunsturhebergesetz (KunstUrhG) in seinem § 22 KunstUrhG die Verbreitung oder Veröffentlichung von Aufnahmen Dritter, wenn deren Einwilligung nicht vorliegt. Die Anfertigung von Luftaufnahmen birgt selbst bei der bloßen Absicht von Landschaftsaufnahmen immer die Gefahr, dass unbeteiligte Dritte auf erkennbare Weise aufgenommen werden.

Wenn Privateigentum überflogen wird, sind abhängig vom Grad der Lärmbelästigung zivilrechtliche Abwehransprüche wegen Besitzstörung möglich.

Aufnahmen von Gebäuden selbst sind nach den Vorschriften der so genannten »Panoramafreiheit« (§ 59 UrhG) zwar grundsätzlich möglich. Voraussetzung für die zustimmungsfreie Vervielfältigung, Verbreitung und öffentliche Wiedergabe einer Gebäudeabbildung durch Lichtbild oder Film ist allerdings, dass nur äußere Ansicht gezeigt wird, die man üblicherweise vom öffentlichen Raum aus einsehen kann.

Nicht zulässig sind Aufnahmen aus ungewöhnlichen Perspektiven unter Verwendung von Hilfsmitteln wie zum Beispiel Leitern oder das Klettern auf Bäume, um eine ungewöhnliche Perspektive zu gewinnen. Da bei Luftaufnahmen jedoch üblicherweise gerade Perspektiven möglich sind, die vom öffentlichen Raum aus nicht ohne sonstige Hilfsmittel (wie etwa einer sehr hohen Leiter) möglich sind, dürfte bei den allermeisten Luftaufnahmen eine Zustimmung der Berechtigten unumgänglich sein.

Das Überfliegen von fremden Grundstücken und Gebäuden kann darüber hinaus auch als Hausfriedensbruch im strafrechtlichen Sinne (§ 123 StGB) gelten. Werden Luftaufnahmen von Dritten ohne deren Einwilligung erstellt oder gar weiterverbreitet, liegt eine Verletzung des höchstpersönlichen Lebensbereichs durch Bildaufnahmen (gem. § 201a StGB) und bei dementsprechender Tonaufzeichnung eine Verletzung der Vertraulichkeit des Wortes (gem. § 201 StGB) vor.

Bei Drohnenabstürzen sind Verletzung oder gar Tötung von Personen oder zumindest die Beschädigung fremden Eigentums nicht ausgeschlossen.

Werden luftverkehrsrechtliche Gebote massiv missachtet und insbesondere der zivile Personenluftverkehr gefährdet, kann ein gefährlicher Eingriff in den Luftverkehr (gem. § 315 StGB) oder eine Gefährdung des Luftverkehrs (gem. § 315a StGB) zur Anklage kommen und im schlimmsten Fall sogar zu einer Freiheitsstrafe führen.

Drohnen als unbemannte Luftfahrtsysteme unterliegen wie alle Luftfahrzeuge einer Haftpflicht für Drittschäden (nach den §§ 33 ff. LuftVG). Privathaftpflichtversicherungen decken Schäden durch Drohnenflüge in der Regel nicht ab, es ist zwingend eine so genannte Halter-Haftpflichtversicherung nötig.

IV. Checkliste

✓ Drohnen, die nicht mehr als 250 Gramm wiegen, können völlig unreglementiert benutzt werden.

✓ Ab 250 Gramm bis zwei Kilogramm ist der Betrieb genehmigungsfrei, es muss aber an Drohnen Name und Adresse des Eigentümers vermerkt sein.

✓ Ab zwei Kilogramm benötigt man einen Drohnen-Führerschein. Drohnen mit mehr als fünf Kilogramm Gewicht und der Betrieb jeglicher Art von Drohne bei Nacht erfordern eine spezielle Aufstiegserlaubnis.

✓ Drohnen mit mehr als 25 Kilogramm Gewicht sind stets verboten.

✓ Drohnen aller Art müssen bemannten Luftfahrzeugen stets ausweichen, dürfen maximal 100 Meter hoch fliegen und müssen in Sichtweite des Steuernden bleiben. Kamera-Drohnen unterliegen einem generellen Betriebsverbot über Wohngrundstücken und anderen sensiblen Bereichen, an denen sich Menschen oder Tiere aufhalten und der Flug oder der Absturz von Drohnen Menschenleben gefährden könnte.

V. Nützliche Links und Paragraphen

- https://www.bmvi.de/SharedDocs/DE/Publikationen/LF/flyer-die-neue-drohnen-verordnung.pdf?__blob=publicationFilehttps://www.drohnen.de/14181/neue-drohnen-verordnung-ab-januar-2017/
- http://bayern.pics/drohne-recht/
- § 16 Luftverkehrsordnung
- Verordnung zur Regelung des Betriebs von unbemannten Fluggeräten (Drohnen-Verordnung; https://www.bgbl.de/xaver/bgbl/start.xav?startbk=Bundesanzeiger_BGBl&jumpTo=bgbl117s0683.pdf#__bgbl__%2F%2F*%5B%40attr_id%3D%27bgbl117s0683.pdf%27%5D__1512315419754)
- § 22 KunstUrhG: verbotene Fotoaufnahmen von Privatpersonen
- § 59 UrhG: Erlaubte Fotoaufnahmen von öffentlich zugänglichen Bauwerken

STREAMING UND DOWNLOAD VON FILMEN UND SONGS

I. Einführung

Kennen Sie noch die »Hörzu«? Früher aus keinem Haushalt wegzudenken, nutzt heute kaum jemand mehr diesen Klassiker oder andere Programmzeitschriften, die Generationen von Fernsehzuschauern Orientierung bot.

Wer heute noch herkömmliches, so genanntes lineares Fernsehen schaut, also punktgenau einschaltet, wenn eine Sendung ausgestrahlt wird, gehört vermutlich einem rentennahen Jahrgang an oder ist sonst völlig »out«. Außer vielleicht beim »Tatort« schaut jeder heutzutage, wann er will und was er will, aber meist nicht dann, wenn die Programmmacher ihm oder ihr das vorschreiben wollen.

»Schuld« ist vor allem das Internetfernsehen, oft genutzt und jederzeit – on demand – verfügbar über Laptop, iPhone, iPad. Dies nicht erst nach Feierabend, sondern oft schon mutieren diese so genannten Devices bereits auf dem Weg zum Arbeitsplatz oder in den Feierabend zum Empfangsgerät.

Aber auch Filme und Serien werden oft und gerne auf den Geräten angesehen. Der technische Weg auf den Bildschirm ist vielfältig:

Man kann Filme als Download zur dauerhaften Nutzung erwerben, das ist – legal betrieben – teuer (ab zehn Euro), und kostet auch Speicherplatz. Man kann sie sich, was günstiger ist, für drei bis sechs Euro digital leihen und etwa für 48 Stunden nach erstmaligem Beginn streamen. Dabei werden die Inhalte nur vorübergehend in den Zwischenspeicher geladen. Letzteres findet man vor allem bei den kostenlosen Angeboten der Mediatheken der TV-Sender.

Verstärkt wird der Trend zum digitalen Filmesehen durch das kaum mehr überschaubare Angebot an hochklassigen Fernsehserien, oft US-amerikanischer Herkunft, wie etwa »Mad Men«, »House of Cards«, »Breaking Bad« oder »Game of Thrones«.

Bei diesen Reihen entwickelt sich oft ein weltweiter Hype, und Ihnen geht es vielleicht wie vielen anderen: Sie wollen nicht warten, bis eine Folge nach der anderen endlich auch in Deutschland erscheint (etwa bei Maxdome, Sky, Amazon, Netflix, Videoload, im Apple-iTunes-Store oder in Googles PlayStore). Sie wollen alles sofort sehen. Der Trend geht zum »Binge Watching« oder »Binge »Viewing (vom engl. binge = Exzess), neuerdings auf Deutsch auch Komaglotzen oder Serienmarathon genannt.

II. Fall

Sie sind ein großer Fan von »Games of Thrones«. Von Staffel eins bis sechs haben Sie nach und nach alle Folgen gesehen. Von der siebten Staffel aber wollen Sie jede Folge sofort sehen, wenn sie erscheint. In Deutschland geht das auf Sky oder bei Amazon prime. Ein Sky-Abo haben Sie nicht und mit Amazon wollen Sie aus Prinzip keine Geschäfte machen. Da hören Sie von einem Freund von »so einer Seite im Netz«. Nicht ganz legal, aber »das macht doch jeder«.

Sie sind aus Prinzip ein rechtstreuer Bürger und fragen deshalb Ihren guten Bekannten, Rechtsanwalt von Beruf, nach der Rechtslage.

III. Rechtliche Grundlagen

Liegt der Gedanke wirklich nahe, sich »im Internet« umzuschauen, ob Sie sich die Folgen dort »besorgen« können? Oder aber verletzen Sie dabei fremde Urheber- und Nutzungsrechte?

Mittlerweile gibt es zahlreiche kostenlose Streaming-Portale, die neueste Filme und Serien kostenlos anbieten. Da liegt der Verdacht nahe, dass die Verantwortlichen ganz gezielt und in großem Ausmaß Urheberrechtsverletzungen in Kauf nehmen oder sogar selber begehen, um damit Geld zu verdienen.

Der wohl bekannteste derartige Anbieter neben den mittlerweile geschlossenen Anbietern Megaupload und Rapidshare, der Betreiber kino.to, ging 2011 nach langen, weltweiten kriminaltechnischen Ermittlungen offline.

Die kino.to-Betreiber hatten bis dahin über Jahre hinweg kostenlos Millionen Links zu Filmen und Fernsehserien bereitgestellt, die sie selbst oder über Dritte auf ihrer eigenen oder damit verbundenen Plattformen hochgeladen hatten. Der technische Begriff nennt sich Share- oder File-Hosting. Die Urheber und Nutzungsberechtigten hatte niemand gefragt. Letztlich waren alle Angebote illegal.

Zuletzt wurden alleine bei kino.to kostenlose Links zu 2625 Serien, 22849 Spiel- und 7557 Dokumentarfilmen angeboten. Ohne überhaupt die dafür nötigen, kostenpflichtigen Verwertungsrechte zu besitzen, generierten die die kino.to-Betreiber eine ungeheure Nachfrage. Profitabel war die Seite, die zweitweise eine der zehn weltweit am meisten angeklickten Websites war (von 2008 bis 2011 waren acht Milliarden Klicks zu verzeichnen), durch Werbeeinahmen durchaus seriöser Unternehmen, die auf dem Portal Werbebanner für bekannte Produkte schalteten.

Die Rechteinhaber waren gezwungen, einen enormen finanziellen Aufwand zu betreiben, um die Massen illegaler Inhalte, die bei den Portalen gespeichert waren, selbst zu identifizieren und Löschungsaufforderungen an die so genannten »Hoster«, also die Portalbetreiber, zu schicken. Immer wieder gingen »Notice-and-take-down«-Meldungen dort ein, also Hinweise, dass die Rechteinhaber am letzten James-Bond-Film oder dem aktuellen Hollywood-Blockbuster keineswegs selber den Link zum kostenlosen Streaming gesetzt hatten und dringend darum bitten, diese Links zu löschen.

Die Betreiber der Portale beteuerten, immer sofort aktiv zu werden, wenn sie von solchen »unerwarteten« Vorkommnissen erfahren. Doch leider, leider sei es ihnen nicht möglich, bereits im Vorfeld ihre Angebote auf illegales Material zu scannen, zu groß sei mittlerweile das Angebot. So wurde zwar hie und da ein Link gelöscht, aber ein neuer mit demselben Inhalt ließ sich leider vorab nicht verhindern.

Die Hauptbetreiber wurden mittlerweile trotz ihrer scheinheiligen Beteuerungen, Rechtsverstöße nach Mitteilung durch die Rechteinhaber doch immer sofort abgestellt zu haben, zu Haftstrafen verurteilt.

Viel genutzt hat es nicht. Regelmäßig tauchen nach Abschalten einer Seite ähnliche Angebote unter anderem Namen wieder auf. So folgte auf kino.to die heute noch abrufbare Seite kinox.to. Obwohl auch hier einer der Betreiber festgenommen wurde, ist die Seite selbst noch online.

Letztlich ist dies also ein Hase-und-Igel-Spiel zwischen Betreibern und Ermittlern.

Es sprach bis vor Kurzem einiges dafür, dass zumindest Sie als Nutzer dann keine Rechte verletzen, wenn Sie Filme per Stream einfach nur ansehen. Denn dies erfolgt nicht durch Downloads, sondern nur per Streaming.

Mit den Standardeinstellungen des jeweiligen Players können die gestreamten Filme nicht auf dem eigenen Rechner gespeichert und damit auch nicht weiterverbreitet werden. Es entstehen nur vorübergehende Kopien im Arbeitsspeicher Ihres Computers. Aber nur das Weiterverbreiten bzw. die theoretische Weiterverbreitungsmöglichkeit nach erfolgtem Download ist nach Meinung zahlreicher Urheberrechtsexperten rechtswidrig. Für Feinschmecker: Eine flüchtige Kopie im temporären Arbeitsspeicher könne schon aus technischen Gründen keine »illegale Kopie« gemäß § 44a Urheberrechtsgesetz sein.

Deshalb sah sich sogar die renommierte *Frankfurter Allgemeine Zeitung*[23] zu der Aussage veranlasst, dass »der bloße Abruf Copyright-geschützter Inhalte in einer bislang straffreien rechtlichen Grauzone angesiedelt« sei.

Dies änderte sich mit einem Urteil des europäischen Gerichtshofs vom April 2017. Klägerin war eine niederländische Stiftung. Sie wollte den Vertrieb eines speziellen Medienabspielers (der so genannte »Filmspeler«) im dortigen Elektronikfachhandel verbieten. Dessen Käufer konnten damit per einfachem Klick auch Inhalte von illegalen Streaming-Seiten abrufen. So konnte man aktuelle Kinofilme ansehen, die Dritte im Internet ohne Zustimmung oder Vergütung der berechtigten Filmhersteller und -verleiher hochgeladen hatten.

Das Gericht untersagte es dem Betreiber. Es bewertete den dort enthaltenen technischen Vorgang anders, als dies bis dahin der Fall war. Die europäischen Juristen vertraten die Auffassung, dass die beim Streaming ständig angefertigten Zwischenspeicher-Kopien von Teilen des Werks anders als bisher beurteilt als echte und damit unbefugt erzeugte Kopien im Sinne des europäischen Urheberrechts angesehen würden.

Beobachter äußerten daraufhin die Erwartung, dass nun auch alle Nutzer von Plattformen wie kinox.to eine Urheberrechtsverletzung begingen. Deshalb müssten sie ebenso mit Abmahnungen, gerichtet auf Unterlassung des Streamings, rechnen wie bis dahin schon die Nutzer illegaler Tauschbörsen, bei denen Filme und Serien heruntergeladen und getauscht werden.

Bislang hat das Urteil aber noch keine Auswirkungen gezeigt. Es gibt seitdem keine signifikante Zunahme an Abmahnungen wegen illegalen Streamings. Experten machen dafür mehrere Umstände verantwortlich. So können Nutzer von illegalen Angeboten nur über ihre Computer-IP-Adresse zurückverfolgt werden. Diese IP-Adresse gelangen durch den Streaming-Vorgang zwar an die illegalen Streaming-Anbieter. Diese aber speichern in den seltensten Fällen Adressen. Und selbst wenn sie das täten, würden sie freiwillig keine Nutzerdaten herausgeben.

In vielen Fällen sind die Rechtsverfolgungskosten angesichts des zu befürchtenden Aufwands hoch. Kinox.to etwa nutzt eine Adresse im pazifischen Inselparadies Tonga. Die Effektivität und vor allem das Verständnis für europäische Urheberrechtsbelange der dortigen Gerichte ist eher gering entwickelt. Auch die zu erwartenden Schadensersatzbeträge dürften sich in Grenzen halten: Wem die Nutzung illegaler Streams nachgewiesen werden kann, dem drohen kaum höhere Kosten als 150 Euro pro Verfahren.

Wenn Sie jetzt jubilieren und das Internet nach kostenlosen Streaming-Angeboten absuchen, seien Sie gewarnt. Der technische und juristische Fortschritt ist unaufhaltsam. Schon morgen kann eine Technik und Strategie entwickelt werden, die gewinnträchtige Abmahnungen auch im Bereich des Streamings ermöglicht – möglicherweise auch rückwirkend.

Immer schon rechtlich äußerst dubios und zu meiden sind »Peer-to-Peer-Netzwerke« (oder P2P-Netzwerke), die einen anonymen Austausch von Klingeltönen, E-Books, Audiodateien oder Filmen und Serien ermöglichen. Hierzu zählen beispielsweise illegale Tauschbörsen wie Mute, GnuNet, Freenet, LimeWire, KaZaA, eMule, Gnutella, eDonkey oder Torrent. Die Daten sind dabei nicht auf einem einzigen zentralen Server gespeichert, sondern liegen dezentral auf alle Nutzer verteilt. Aufgrund der Programmierung der Tauschbörsensoftware stellen diejenigen, die auf den Börsen zu findende Dateien auf ihren Computer herunterladen, diese – ohne das oft zu wollen oder auch nur zu wissen – für die anderen Nutzer sofort wieder als Upload zur Verfügung. So wird in kürzester Zeit eine enorme Anzahl an Dateien über das Internet ausgetauscht.

Technisch bedingt findet dort anders als beim Streaming eine exakte Registrierung der getauschten Dateien und Benutzer statt. Da diese Börsen von spezialisierten Anwaltskanzleien standardmäßig überwacht werden, ist das Risiko sehr groß, im Falle eines illegalen Nutzens der dortigen Inhalte seine IP-Adresse zu hinterlassen und dann wegen Urheberrechtsverstoß belangt zu werden.

Sollten Sie sich auf einer Tauschbörse bewegen und einen der dort angebotenen Inhalte anklicken und herunterladen, laden Sie ihn also gleichzeitig wieder für andere Nutzer hoch. Das ist rechtlich gesehen eine verbotene öffentliche Verbreitung und kann straf- und zivilrechtliche Folgen haben. Nach der Vorschrift des § 19a UrhG darf nur der Berechtigte Dateien öffentlich zugänglich machen.

Spezialisierte Anwaltskanzleien durchforsten einschlägig bekannte Tauschbörsen nach möglichen Rechtsverstößen. Sie beschäftigen oft Dutzende von IT-Experten, die mit Hilfe von eigens entwickelten Programmen die IP-Adressen der Nutzer ermitteln, deren Download-Verhalten sie dokumentiert haben. Sodann stellen die Anwälte im Namen der Rechteverwerter wie Filmproduzenten, Plattenfirmen oder Buchverlagen Strafanzeige bei der Staatsanwaltschaft. Diese verlangt dann von den Providern die Herausgabe der hinter den IP-Adressen stehenden, konkreten Anmeldedaten der Anschlussinhaber und teilt sie den Anwälten mit, die dann die Tauschbörsenbesucher anschreiben und sie über Ihren Rechtsverstoß informieren.

Diesen massenhaft verschickten Schreiben werden Unterlassungserklärungen beigefügt, welche die »Ertappten« dann ausfüllen können, verbunden mit einer Zahlungsaufforderung bezüglich Schadensersatz sowie der Anwaltskosten. Schließlich, so die Abmahnanwälte, seien den Berechtigten durch die Tauschvorgänge legale Erlöse entgangen und der Anwalt, dessen Einschaltung nötig war, arbeitet ja nicht umsonst. Schnell kommen da Beträge von 500 bis 800 Euro zusammen.

Mittlerweile haben sich die einschlägigen Seiten auf die Überwachungssituation eingestellt und warnen davor, ungeschützt und unverschlüsselt die IP-Adresse anzuzeigen. So wurde dem Autor bei einem Besuch auf einer dieser Seiten die Warnung zuteil:

> Ihre IP-Adresse XYZ ist leicht zu tracken! Laden Sie nichts von dieser Seite herunter, ohne zuvor Ihre IP-Adresse über eine VPN [Virtual Private Network – eine Software, um die eigene IP-Adresse zu verbergen] verschlüsselt zu haben. Diese können Sie *hier* herunterladen.

Die Nutzung einer VPN-Software, Sie ahnen es, ist natürlich nicht kostenlos. So ist alles ein großes Geschäft zulasten der Kreativindustrie, weshalb dringend davon abzuraten ist.

IV. Checkliste

✓ Meiden Sie offensichtlich rechtswidrige, weil kostenlose Tauschbörsen und Streaming-Dienstleister.

✓ Wenn Sie sich trotzdem auf diese Weise die neuesten Serien oder Blockbuster ansehen, handeln Sie illegal und riskieren, abgemahnt zu werden.

✓ Nutzen Sie stattdessen die zahlreichen legalen und ebenso bequemen Angebote.

V. Nützliche Links und Paragraphen

- Es hat sich mittlerweile eine ganze Industrie entwickelt, die Sie berät, wie Sie am besten bei Abmahnungen wegen (irrtümlichen) Nutzens geschützter Dateien vorgehen. Googeln Sie das Thema und Sie werden an Hilfe schnell fündig werden.

UNERWÜNSCHTE POST VOM ANWALT

I. Einführung

Das Internet birgt auch für Privatpersonen zahlreiche Rechtsrisiken, die sich kaum mehr überschauen lassen. Oft ist man auch als rechtstreuer Nutzer nur noch einen Mausklick davon entfernt, Adressat eines Anwaltsbriefes zu werden. Was ist dann zu tun?

II. Fall

Ihr Schrank quillt über. Trotzdem verspüren Sie das unstillbare Bedürfnis, shoppen zu gehen. Mit Ihrem Liebsten haben Sie aber leider eine Absprache getroffen: Für jede Neuanschaffung müssen Sie ein altes Kleidungsstück entsorgen oder verkaufen. Kurzentschlossen greifen Sie zu einem vermeintlich wertvollen Designershirt mit riesigem Markenlogo auf der Vorderseite. Ihr Schatz hat es Ihnen zu einem längst vergangenen Jahrestag geschenkt, aber mittlerweile haben Sie sich daran etwas sattgesehen. Sie stellen es mit Foto bei eBay ein, erhalten zahlreiche Gebote und verkaufen das Shirt. Doch kurz darauf finden Sie Anwaltspost im Briefkasten, die Sie daran zweifeln lässt, wie lieb und teuer Sie Ihrem Freund wirklich sind:

»Wir vertreten die rechtlichen Interessen des weltweit tätigen Modekonzerns XYZ, der uns gebeten hat, Sie wegen folgenden Vorfalls zu kontaktieren: Zu ihrem Bedauern musste unsere Mandantin feststellen, dass ein jüngst von Ihnen auf der Internet-Auktionsplattform eBay eingestelltes Oberbekleidungsstück eine dreiste und billige Fälschung des Produkts und des Markenzeichens unserer Mandantin ist, wie sie leider zu Dutzenden auf Hinterhofflohmärkten angeboten wird. Damit verletzen Sie die rechtlich geschützten Interessen unserer Mandantin und verstoßen gegen Markenrechte sowie das Strafgesetzbuch. Bevor wir wegen Produktfälschung gerichtlich gegen Sie vorgehen und Strafanzeige stellen, wollen wir Ihnen Gelegenheit zur außergerichtlichen Streitbeilegung geben. Zu diesem Zweck haben wir Ihnen den Text einer von uns vorformulierten Unterlassungs-Verpflichtungserklärung beigefügt. Durch deren Unterzeichnung erklären Sie, davon Abstand zu nehmen, weitere Produktfälschungen unserer Mandantin in Umlauf zu bringen. Für den Fall eines Verstoßes gegen diese Erklärung verpflichten Sie sich zur Zahlung einer Vertragsstrafe von 5000 Euro.

Des Weiteren verpflichten sie sich zur Zahlung eines Schadensersatzes in Höhe von 1500 Euro und zur Begleichung der durch unsere Einschaltung entstandenen Kosten in Höhe von 1200 Euro.

Sollten wir nicht innerhalb von acht Tagen sowohl den Erhalt der Erklärung als auch die Begleichung unserer beigefügten Rechnung über 2700 Euro zuzüglich Umsatzsteuer feststellen können, werden wir unmittelbar die Gerichte befassen.

Mit freundlichen Grüßen, Dr. Scharf & Streng, Rechtsanwaltskanzlei.«

III. Rechtliche Grundlagen

Sie sind sich keiner Schuld bewusst. Schließlich hat Ihr Freund das Designershirt selbst als echt eingekauft. Außerdem ist es mittlerweile weg, die Meistbietende hat es bei Ihnen abgeholt. Deshalb lässt sich auch vermutlich nie mehr klären, wer nun Recht hat. Wie können Sie auf die Abmahnung reagieren? Vor allem wollen Sie keine unnötigen weiteren Kosten verursachen.

Möglichkeit eins: nichts tun. Das ist selten im Leben eine gute Idee. Mit großer Wahrscheinlichkeit wird der Abmahnende die Sache nicht auf sich beruhen lassen, sondern Sie dann verklagen. Schließlich will er seiner Mandantin zeigen, dass er nicht lockerlässt, und seine Kosten will er auch nicht selber tragen oder seiner Mandantin in Rechnung stellen. Klagen aber erhöhen die Kosten weiter. Denn Streitwerte und Gebührensätze sind in der außergerichtlichen Abmahnung meist niedriger als im anschließenden gerichtlichen Verfahren.

Möglichkeit zwei: unterschreiben und zahlen. Das bietet sich nur an, wenn Sie den Ihnen unterstellten Verstoß tatsächlich begangen haben, das Ihnen vorgeworfene Verhalten nicht mehr wiederholen und die Sache rasch erledigen wollen. Sie unterschreiben (nur dann) die vorgefertigte Unterlassungs-Verpflichtungserklärung und überweisen den geforderten Betrag. Vorteil: Die Sache ist vom Tisch, und Sie können nicht auch noch verklagt werden. Nachteil: Die Vorwürfe sind möglicherweise rechtlich nicht stichhaltig, die Kosten der Abmahnung ungerechtfertigt hoch. Außerdem lauern mitunter juristische Fallen in der Ihnen abverlangten Erklärung. Sie riskieren Vertragsstrafen und weitere Schadensersatzansprüche, falls Sie die abgemahnte Rechtsverletzung doch noch (versehentlich) fortsetzen (z. B. weiterhin eine formal nicht korrekte Website betreiben).

Möglichkeit drei: Sie geben eine so genannte modifizierte Unterlassungserklärung ab. Dabei wird der vorformulierte Text der Unterlassungserklärung, der üblicherweise dem Abmahnschreiben der Anwaltskanzlei als Anlage angehängt ist, zu Ihren Gunsten abgeändert. So wird oft der klarstellende Zusatz eingefügt, dass Sie den angeblichen Verstoß zwar nie mehr zu wiederholen gedenken, aber offenlassen, ob Sie ihn jemals tatsächlich begangen haben. Dies wird dann so formuliert, dass Sie die Unterlassungs-Verpflichtungserklärung ohne Anerkennung einer Rechtspflicht abgeben.

Möglichkeit vier: Sie wehren sich. Sie sind oder fühlen sich im Recht und lehnen die Abgabe der Unterlassungs-Verpflichtungserklärung rundweg ab. Dann sollten Sie aber gute Gegenargumente haben. Sonst riskieren Sie eine einstweilige Verfügung gegen Sie. Das ist eine Art vorläufiges Urteil ohne vorherige mündliche Verhandlung oder auch nur Anhörung. Dadurch wird Ihnen durch gerichtlichen Beschluss ein bestimmtes Verhalten untersagt und angedroht, dass Sie im Falle eines Verstoßes gegen den Beschluss ein so genanntes Ordnungsgeld an die Staatskasse zu bezahlen haben.

Wenn Sie auch dann den Verstoß nicht abstellen, droht sogar Ordnungshaft, also Gefängnis, um Sie zur Aufgabe des Ihnen vorgeworfenen Verhaltens zu veranlassen.

Wenn Sie das Risiko einer einstweiligen Verfügung minimieren wollen, können Sie auch eine so genannte Schutzschrift bei Gericht hinterlegen. Das ist eine Art vorsorgliche Gegenvorstellung, in der Sie einem etwaig befassten Gericht erläutern, weshalb Ihrer Meinung der Ihnen zur Last gelegte Vorwurf nicht zutrifft. Beantragt der Abmahnende dann eine einstweilige Verfügung, liegen dem Gericht bereits Ihre Argumente vor, und die Wahrscheinlichkeit einer Entscheidung gegen Sie sinkt. Oft wird dann zumindest eine mündliche Verhandlung anberaumt, in der Sie sich ausführlich erklären können.

Fühlen Sie sich durch die Abmahnung in eigenen Rechten verletzt, etwa weil sie völlig unberechtigt ist, aber öffentlich bekannt geworden ist und Freunde oder Geschäftspartner an Ihnen zweifeln, können Sie bei Gericht Feststellung verlangen, dass der Abmahnende nicht zur Abmahnung berechtigt war.

Wie hoch ist Ihr Kostenrisiko?

Die eigentlichen Abmahnungskosten, also die gegnerischen Anwaltsgebühren, sind bei Verbrauchern grundsätzlich in der Höhe auf 150 Euro begrenzt. Das gilt allerdings nur gegenüber Verbrauchern ohne gewerbliche Tätigkeit und bei einfach gelagerten Erstabmahnungen.

Abhängig von Ihren sonstigen Aktivitäten bei eBay (nur ca. zehn Transaktionen pro Jahr oder mehr?) wird Ihnen die Gegenseite eine gewerbliche Tätigkeit unterstellen und mehr als die 150 Euro ansetzen.

Dazu kommen ggf. Schadensersatzkosten, die anhand dessen bemessen werden, welchen konkret nachzuweisenden Schaden der Abmahnende durch Ihr Verhalten wirklich hat.

IV. Checkliste

✓ Vorsicht beim Verwenden von Originalproduktfotos und/oder Logos von Marken-Herstellern

✓ Vorsicht überhaupt bei allen Online-Aktivitäten, die Abmahnungen zur Folge haben könnten:
- Herunterladen von Musik, Hörbüchern, E-Books, Filmen, Spielen oder Bildern
- Nutzen von kostenlosen Streaming-Services
- Verwenden von Fotos, die andere Personen zeigen oder die von anderen Personen aufgenommen wurden
- Gestaltung Ihrer eigenen Homepage – beachten Sie die Vorschriften zu Impressumspflicht, Widerrufsrechten, Datenschutz etc.

✓ Keine illegalen Tauschbörsen oder sonstige Seiten besuchen.

✓ Dort jedenfalls keine illegalen Inhalte konsumieren.

✓ Indiz für Illegalität: Dort sind Inhalte kostenlos erhältlich, die anderswo kostenpflichtig sind.

✓ Falls Sie gleichwohl Anwaltspost erhalten haben: Unterschreiben Sie nicht voreilig vorformulierte Erklärungen, bezahlen Sie nicht (angebliche) Forderungen, ohne zuvor kompetenten Rechtsrat eingeholt zu haben.

✓ Beachten Sie aber die Ihnen gesetzten Fristen, bitten Sie ggf. um Fristverlängerung.

✓ Vorsicht: Manche im Netz aktiven »Gegenanwälte« erreichen wenig für die Abgemahnten, verursachen aber durch ihr bloßes Tätigwerden zusätzlich Kosten.

✓ Rechtsrat erteilt Ihnen am besten ein zugelassener Rechtsanwalt. Wer in welchem Rechtsgebiet besondere Kompetenzen hat, sagt man Ihnen gerne bei der örtlichen Rechtsanwaltskammer.

V. Nützliche Links und Paragraphen

- https://www.e-recht24.de/artikel/tauschboersen/6716-filesharing-abmahnungen.html
- § 19a UrhG [Öffentliche Zugänglichmachung, ein Werk (Song, E-Book oder ein Film) für mehrere Nutzer öffentlich zugänglich machen]
- § 823 i.V.m. § 1004 BGB analog (Unterlassungsanspruch des Rechtsinhabers gegen den Rechtsverletzer)
- § 97 UrhG (Schadensersatzanspruch des Rechtsinhabers gegen den Rechtsverletzer)
- § 97a UrhG (Aufforderung zur Abgabe einer Unterlassungserklärung, auch Abmahnung genannt)
- § 97a Abs. 3 S. 2 UrhG (Deckelung der Anwaltskosten)

WER FÜR MEIN WLAN HAFTET

I. Einführung

Das ganze Land, ja bald die ganze Welt ist von WLAN-Netzen abgedeckt. Wer aber haftet, wenn illegale Nutzungen erfolgen? Wann haften Eltern für ihre Kinder, Gastgeber für ihre Besucher und Gastronomen für ihre Gäste?

II. Fall

In einer illegalen Tauschbörse wird kurz nach dem offiziellen Kinostart schon der neueste Blockbuster »Fack ju Göhte« hoch- und von zahlreichen Usern wieder auf deren PC heruntergeladen. Der Filmverleih hat damit gerechnet und ließ deshalb von einer darauf spezialisierten Rechtsanwaltskanzlei den Markt überwachen. Dank einer Spezialsoftware werden auch Anschlussinhaber ausfindig gemacht und kostenpflichtig zur Unterlassung des erfolgten und künftiger illegaler Downloads verpflichtet.

Ein Adressat des Anwaltsschreibens ist der empörte Schulrektor D., der plausibel machen kann, dass er zum einen »so einen Unsinn« niemals ansehen, geschweige denn illegal hochladen würde, zum anderen am fraglichen Tag auf Studienfahrt in der Toskana war. Allerdings hat sein Sohn Felix, 14, an dem Tag zu Hause eine Party mit seinen Freunden gefeiert. Nicht auszuschließen, dass es dabei auch zu einer improvisierten Filmvorführung kam.

III. Rechtliche Grundlagen

Für die Frage, ob D. für seinen Sohn Felix haftet, kommt es entscheidend darauf an, wann sich der Rechtsverstoß ereignet hat.

Bis vor Kurzem galt in Deutschland uneingeschränkt die so genannte Störerhaftung. In Fällen wie diesem, in denen der eigentliche Rechtsverletzer nicht ausfindig gemacht und damit nicht belangt werden konnte, wurde dann eben der möglicherweise nichtsahnende Betreiber des genutzten WLAN-Systems als Störer zur Verantwortung gezogen.

Nach dieser Rechtskonstruktion konnte jeder, der auch ohne eigenes Verschulden, also ohne vorsätzlich oder auch nur fahrlässig gehandelt zu haben, an der »Störung« des Rechtsfriedens durch Dritte in irgendeiner Weise beteiligt war, verpflichtet werden, zumindest die Mitwirkung an der Rechtsverletzung zu unterlassen.

Für jedes offene, also passwortfreie WLAN bedeutete dies etwa, dass der Betreiber dafür verantwortlich gemacht werden konnte, Rechtsverletzungen durch die eigentlichen WLAN-Nutzer zu unterbinden. Schon das Anbieten des WLAN-Zugangs zum Internet war eine »Mitstörungshandlung«. Rechteinhaber wie etwa Anbieter von Filmen, Musik, Computerspielen oder E-Books hatten deshalb auch gegen private WLAN-Betreiber, bei denen in der Vergangenheit Rechtsverletzungen festgestellt wurden, einen Unterlassungsanspruch. Ein solcher Unterlassungsanspruch war die Grundlage für Abmahnungen durch Anwälte der Rechteinhaber, gerichtet darauf, ein bestimmtes Verhalten künftig zu unterlassen, etwa ein WLAN ohne hinreichenden Passwortschutz anzubieten. Solche Abmahnungen waren immer teuer, zwischen 500 und 800 Euro an Anwaltskosten waren keine Seltenheit. Dazu kam ein pauschalierter Schadensersatz von bis zu 200 Euro für entgangene Lizenzgebühren der Rechteinhaber.

Häufiger Streitfall vor Gericht war, wann etwa Eltern als WLAN-Betreiber aus der Störerhaftung entlassen werden, sofern sie ihre minderjährigen Kinder entsprechend streng, aber letztlich erfolglos ermahnt hatten, das WLAN nur zu legalen Zwecken zu nutzen. Minderjährige wurden, obwohl man durchaus ab einem gewissen Alter von deren Unrechtsbewusstsein hinsichtlich der Illegalität von Tauschbörsen ausgehen konnte, nur sehr selten direkt als unterlassungspflichtig angesehen. Sofern die Eltern nachweisen konnten, regelmäßig ermahnt zu haben, entfiel deshalb die Haftung von Eltern wie Kindern.

Gegenüber volljährigen Familienmitgliedern, die den Anschluss mitbenutzen, mussten erst dann, wenn der Verdacht des Missbrauchs des Anschlusses bestand, Sicherungsmaßnahmen ergriffen werden.

Im vorliegenden Fall wäre es deshalb entscheidend auf eine Frage angekommen: Kann Direktor D. nachweisen, dass er seinen Sohn Felix eindringlich über die Gefahren von illegal beschafften Filmen aufgeklärt hat?

Auch kinderlose WLAN-Inhaber konnten sich der Störerhaftung entziehen. Erforderlich war eine gute Erklärung, etwa Urlaubsabwesenheit im fraglichen Zeitraum, sowie eine taugliche Verschlüsselung, also ein Passwort, das nicht nur »hallo« oder »passwort« lautete.

Bibliotheken, Museen, Ladenpassagen, (Internet-)Cafés oder andere Einrichtungen, die ihren Besuchern oder Nutzern WLAN zur Verfügung stellen wollten, waren bemüht, durch besondere rechtliche Gestaltungen ihr Risiko zu minimieren. Durch entsprechende Eingabemasken schlossen sie mit den Nutzern vor dem Surfen Nutzungsvereinbarungen ab. Wer eine real existierende E-Mail-Adresse angab und sein Einverständnis mit den ihm auferlegten Bedingungen erklärte, insbesondere akzeptierte, dass er sich an das geltende Recht hält, konnte sofort lossurfen. Ob er sich dann wirklich rechtstreu verhielt, war dann irrelevant, der Anbieter jedenfalls hatte seine Aufklärungspflichten erfüllt.

Ende 2016 hatte der Europäische Gerichtshof in einem Verfahren[24] entschieden, Betreiber offener WLANs (auch in Einrichtungen wie etwa Cafés) seien zwar nicht wegen erfolgter Urheberrechtsverletzung durch User schadensersatzpflichtig, und kostenpflichtige Abmahnungen gegen WLAN-Betreiber aus diesem Grund wohl unzulässig. Eine Überwachung des Netzverkehrs und der einzelnen User sei ebenfalls nicht rechtmäßig. Maßnahmen zur Verhinderung weiterer Rechtsverstöße wie etwa User-Registrierung und passwortgeschützter Zugang könnten aber auch künftig verlangt werden.

Ob das eine Kostentragungspflicht für Anwaltsabmahnungen umfasst, ist derzeit auf europäischer Ebene unklar.

Der deutsche Gesetzgeber hatte bereits kurz vor dem Urteil durch eine Neuformulierung im Telemediengesetz eine Schadensersatzpflicht ausgeschlossen. Ein Unterlassungsanspruch mit damit verknüpften Abmahnkosten blieb bestehen.

Ende Juni 2017 endlich wurde ein Gesetz verabschiedet, mit dem der Betrieb offener WLAN-Netze in Deutschland generell gefördert werden soll. Wer künftig anderen einen Internetzugang anbietet, soll nicht mehr dafür haften müssen, wenn Nutzer im zur Verfügung gestellten Netz Rechtsverstöße begehen, indem sie illegal Inhalte wie Filme, Games, E-Books oder Musik herunterladen. Die Anbieter von WLAN-Hotspots sollen diese auch nicht mehr mit Passwortschutz versehen müssen. Betreiber von Eisenbahn-, S- und U-Bahn-Netzen, Café- oder Hotelbesitzer wie auch Geschäfte und Privatpersonen sollen Hotspots also gefahrlos zur Verfügung stellen können, ohne im Fall von Rechtsverstößen Anwaltsabmahnungen befürchten zu müssen.

Die Neuregelung sei nötig, so das Wirtschaftsministerium, um den Betrieb offener WLAN-Netze »rechtssicher gewährleisten zu können«. Deutschland hinke bei der WLAN-Verbreitung anderen europäischen Ländern hinterher. Deshalb müssten Anbieter vor Kosten geschützt und die Einrichtung solcher Funknetze erleichtert werden. Laut dem neuen Gesetz dürfen die WLAN-Betreiber nicht von einer Behörde dazu verpflichtet werden, Nutzer zu registrieren, die Eingabe eines Passworts zu verlangen oder das Anbieten des Dienstes bei Rechtsverstößen durch Dritte einzustellen. Auf freiwilliger Basis dürfen die Anbieter aber eigene Sicherheitsmaßnahmen wie etwa ein Passwort nutzen.

Rechteinhaber, also Musik- oder Buchverlage, Spielehersteller und Filmanbieter können nach Inkrafttreten des Gesetzes allerdings von einem Hotspot-Anbieter verlangen, bei Vorliegen konkreter Verdachtsmomente (etwa für dort erfolgende illegale Downloads von bestimmten Websites, beispielsweise Tauschbörsen) sein frei zugängliches Netzwerk zu sperren. Möglich ist dies durch technische Sperren am Router.

Wenn Felix also nach dem 30. Juni 2017 illegal »Fack ju Göhte« heruntergeladen hat, können weder er noch sein Vater belangt werden. Der Filmproduzent kann allenfalls verlangen, dass Hotspot-Betreiber die Quelle des illegalen Downloads sperren.

IV. Checkliste

✓ Bislang galt: Betreiben Sie ein offenes WLAN? Dann sollten Sie nachweisen können, dass Sie alle, die Zugang haben (Familienmitglieder, Nachbarn, bei öffentlichen Einrichtungen wie Museen oder Cafés) eindringlich über die Gefahren der illegalen Nutzung aufgeklärt haben. Dazu gehörte die Angabe einer E-Mail-Adresse und die Erklärung, sich an das geltende Recht zu halten.

✓ Seit Mitte 2017 gilt: Wer anderen einen Internetzugang anbietet, soll nicht mehr dafür haften müssen, wenn Nutzer im zur Verfügung gestellten Netz Rechtsverstöße begehen. Die Anbieter von WLAN-Hotspots sollen diese auch nicht mehr mit Passwortschutz versehen müssen.

✓ Rechteinhaber wie etwa Plattenfirmen oder Filmproduzenten können nach Inkrafttreten des Gesetzes von einem Hotspot-Anbieter nur noch verlangen, bei Vorliegen konkreter Verdachtsmomente wie zahlreichen, nachgewiesenen Rechtsverstößen von eben jener IP-Adresse, sein frei zugängliches Netzwerk zu sperren.

✓ Es bleibt aber abzuwarten, ob die Gerichte nicht doch noch strengere Anforderungen an die Überwachung freier WLAN-Netze stellen werden.

V. Nützliche Links

- http://www.zeit.de/digital/mobil/2017-02/wlan-gesetz-stoererhaftung-hotspots-telemediengesetz

DER NEUE TRAUMJOB: INFLUENCER

I. Einführung

Wertvolle Produktempfehlungen oder Schleichwerbung durch junge Internetmillionäre? Menschen wie du und ich können heutzutage Social-Media-Stars werden. Sie posten auf Facebook, Twitter und Instagram unter Namen wie BibisBeautyPalace, Julienco, Dagi Bee und Caro Daur scheinbar beiläufige Fotos aus ihrem Alltag und promoten dabei vor einem Publikum von oft Hunderttausenden oder gar Millionen Followern »ganz nebenbei« Konsumprodukte.

Was die können, denken Sie, können Sie auch. Dabei müssen Sie allerdings an eines denken: Öffentliche Äußerungen zu Produkten erfolgen längst nicht mehr in einer rechtlichen Grauzone.

II. Fall

Ein Influencer (engl. to influence = beeinflussen) veröffentlicht ein Foto von sich und Kosmetikprodukten mit dem folgenden Posting auf seinem Instagram-Profil:

»An alle Sparfüchse: AUFGEPASST! NUR morgen gibt es in allen Filialen von #rossmann & im Online-Shop 40% Rabatt auf Augen-Make-up! Viel Spaß beim Einkaufen! @my_rossmann Eyes: R deL Y. Mascara & M. N. Y. The Rock Nudes Lidschatten Palette #blackfriyay #ad #eyes #shopping #rabatt #40prozent«

Hierfür wurde der Influencer von der Drogeriemarkt-Kette Rossmann bezahlt, ob durch kostenlose Produkte oder durch Honorar, geht aus dem Urteil nicht hervor.

III. Rechtliche Grundlagen

Dagegen ist doch eigentlich nichts einzuwenden: Hübsche junge Menschen zeigen sich im Internet mit Klamotten, Kosmetik oder Möbeln oder auch auf Reisen. Sie werden dadurch zu Vorbildern oder sogar zu Stilikonen und verdienen damit im Idealfall auch noch etwas Geld.

Mittlerweile ist daraus aber eine eigene Industrie geworden. So etwa folgen dem Instagram-Star Chiara Ferragni mehr als zehn Million Instagram-Nutzer. Sie postet Fotos von sich in Designerkleidung vor eindrucksvoller Kulisse und verdient damit geschätzte zehn Millionen Euro pro Jahr.

Ein deutscher Star ist Bianca Heinicke, die vor allem auf YouTube auftritt und unter der Bezeichnung BibisBeautyPalace mittlerweile über 500 Videos zu Schmink- und Kosmetikthemen anbietet. Nahezu fünf Millionen vorwiegend jugendliche Abonnenten konnte sie dafür gewinnen. Ihre Einnahmen werden auf mehr als 100 000 Euro geschätzt. Pro Monat.

Diese kommerzielle Bedeutung hat öffentliche Stellen, die Landesmedienanstalten, auf den Plan gerufen, die sich um Rechtsfragen des so genannten Influencer-Marketing kümmern. Was man darunter versteht, definieren diese Anstalten[25] wie folgt:

> Unternehmen [nutzen] die Reputation von reichweitenstarken Meinungsmachern als Influencer, um Kommunikations- und Werbeziele zu erreichen. In der Regel zielt Influencer-Marketing auf den Verkauf von Produkten und Dienstleistungen ab. Influencer machen eine Marke oder ein Produkt zum Gegenstand ihrer Beiträge. Sie empfehlen diese ihrer Zielgruppe und kreieren passende Inhalte zu den präsentierten Marken. Dies geschieht online über Blogs, in Foren oder über Social-Media-Plattformen wie u.a. YouTube, Instagram, Twitter und SnapChat. Die Werbewirtschaft kooperiert vor allem mit erfolgreichen Social-Media-Stars, die in ihren Blogs, Beauty- und Mode-Videos und Fotos auf YouTube und Instagram die Produkte und Dienstleistungen ihren (häufig sehr jungen) Zielgruppe näher bringen und empfehlen. Im Rahmen dieser Kooperationen bekommen die Influencer ein Honorar oder werden über Affiliate Links an den Online-Umsätzen beteiligt. Das Ziel beim Influencer Marketing ist es, auf Grundlage des Vertrauens der jeweiligen Zielgruppe zu den Influencern, die Wertigkeit und Glaubwürdigkeit einer Marke bzw. eines Produkts zu steigern. Die Influencer sollen positiven Einfluss auf die

> Bewertung und Beurteilung von Produkten, Dienstleistungen, Marken ausüben.

Im vorliegenden Fall handelten der »Rossmann-Influencer« (der über 1,3 Millionen Follower hatte) wie auch Rossmann in Übereinstimmung mit der bis dahin gängigen Praxis, wonach gesponserte Social-Media-Inhalte oft mit #ad (für advertisement) oder mit #sponsored gekennzeichnet werden.

Nichts anderes empfahlen und verlangten bis dahin die rechtlich für die Überwachung derartiger Praktiken zuständigen Landesmedienanstalten. Gegen das Werbeposting zugunsten von Rossmann-Produkten hat sich trotzdem der Verband Sozialer Wettbewerb e.V. gewandt und außergerichtlich zur Unterlassung aufgefordert. Er sah § 58 Abs. 3 in Verbindung mit § 7 Abs. 3 Rundfunkstaatsvertrag verletzt. Demnach ist Folgendes zu beachten:

> Werbung muss als solche leicht erkennbar und vom übrigen Inhalt der Angebote angemessen durch optische und akustische Mittel oder räumlich abgesetzt sein.

Als seine außergerichtliche Unterlassungsaufforderung erfolglos blieb, hat der Verband schließlich geklagt. Klagegegner war dabei übrigens nicht der Influencer selbst, sondern Rossmann. Ganz offensichtlich wollte der Verband nicht nur das Verhalten eines einzigen, allerdings sehr erfolgreichen Influencers kritisieren und diesen zu einer Änderung seines Kennzeichnungsverhaltens bewegen, sondern mit Rossmann ein großes Unternehmen beispielhaft und öffentlichkeitswirksam treffen, also gleichsam einen Präzedenzfall schaffen.

Der Verband vertrat dabei die Auffassung, die erfolgte Kennzeichnung sei zu beiläufig als Bestandteil einer ganzen Kette von Hashtags gehalten und für den typischen Betrachter nicht sofort und leicht erkennbar. Zwar sei der Hashtag #ad am Ende des Postings enthalten, aber dieser erfolge nur an zweiter Stelle in einer Reihe von insgesamt sechs Hashtags. Der Hinweis, es handele sich bei dem geteilten Foto um bezahlte Werbung, sei deshalb zu versteckt gehalten. Es reiche nicht aus, derart unauffällig für den typischen, eher oberflächlichen Betrachter den Werbecharakter zu demonstrieren.

Nachdem die geforderte Unterlassungserklärung offensichtlich nicht abgegeben worden war, hatte der Verband Sozialer Wettbewerb bei dem Landgericht Hannover eine einstweilige Verfügung beantragt. Der Antrag wurde ursprünglich zurückgewiesen, weil jenes Gericht noch die Auffassung vertrat, der werbliche Charakter ergebe sich hinreichend aus den Umständen des Postings.

Der Influencer habe sich mit dem Hinweis verteidigt, der kommerzielle Charakter ergebe sich bereits hinreichend aus den Umständen: Verwendete Begriffe wie »Sparfüchse« oder »@my_rossmann« #rossmann, #blackfriday, #ad, #shopping, #rabatt und #40prozent hätten jedem Betrachter aufgezeigt, dass es sich um bezahlte Werbung handelt.

Dagegen legte der Verband Berufung ein. Beim nächsthöheren Gericht, dem Oberlandesgericht Celle, entschieden die Richter anders: Das Posting sei jedenfalls nicht so klar und deutlich gekennzeichnet, dass ein durchschnittlicher Nutzer der Plattform Instagram den kommerziellen Zweck des Postings zweifelsfrei erkenne.

Allerdings steht eine höchstrichterliche Entscheidung durch den Bundesgerichtshof noch aus. Im »Fall Rossmann« wird es eine solche auch nicht geben. Die Drogeriemarktkette hat das Urteil nämlich akzeptiert und auf weitere Rechtsmittel verzichtet. Rossmann legte dabei Wert auf die Feststellung, dass man als großer Werbetreibender selbstverständlich mit den Kennzeichnungspflichten auf unterschiedlichen Kanälen vertraut sei und sich an die jeweils geltenden Regeln und Normen halte. Der kritisierte Post habe sich an den offenbar nicht ausreichenden Empfehlungen der Landesmedienanstalten orientiert.

Bis zu einer vielleicht abweichenden höchstrichterlichen Rechtsprechung in vergleichbarer Angelegenheit sollten sich die kommerziell bereits erfolgreichen Influencer auf diese Rechtsprechung einstellen. Sie sollten ihre Meldungen künftig so kennzeichnen, dass ein durchschnittlicher Teilnehmer des angesprochenen Adressatenkreises, hier ein typischer, also eher kurz auf Postings verweilender Instagram-Nutzer, den kommerziellen Zweck auch zweifelsfrei erkennt. Wer also künftig sichergehen will, keine Rechtsrisiken einzugehen, sollte auf Hinweise wie »Werbung« oder »Anzeige« nicht verzichten. Die bloße Kennzeichnung mit #ad, die in einer Vielzahl von Hashtags »untergeht«, dürfte jedenfalls nicht mehr ausreichen.

Rossmann übrigens ist sehr vorsichtig geworden. Ab sofort soll bei allen werblichen Posts bereits in der Überschrift der Hashtag #Werbung auftauchen.

IV. Checkliste

✓ Kaufen Sie die Produkte selbst, die Sie im Internet präsentieren? Das ist keine Werbung, und daraus folgt keine Kennzeichnungspflicht.

✓ Erhalten Sie zwar Produkte oder Dienstleistungen kostenlos von Unternehmen, sind aber frei, wie Sie sie präsentieren? Geben also Ihre Äußerungen und Meinungen über die Produkte Ihre eigene, kritische Meinung wieder? Das ist ebenfalls keine Werbung, und daraus folgt keine Kennzeichnungspflicht.

✓ Allerdings ist auf den Wert der Produkte oder Dienstleistungen zu achten, selbst wenn Sie sich zulässig redaktionell damit befassen. Übersteigt dieser 1000 Euro, darf der Hinweis »Produktplatzierung« oder »unterstützt durch [Produktname]« nicht unterbleiben.

✓ Erhalten Sie Produkte oder Dienstleistungen kostenlos von Unternehmen und wird von Ihnen stillschweigend oder sogar aufgrund vertraglicher Abreden erwartet, dass Sie nur die positiven Seiten darstellen? Dann handelt es sich um Werbung, und es folgt daraus eine Kennzeichnungspflicht.

✓ Erhalten Sie Produkte oder Dienstleistungen kostenlos von Unternehmen, und meinen Sie auch ohne stillschweigende oder vertragliche Abrede, Ihre Follower zum Erwerb bringen zu müssen (so genannter »Kaufbefehl«)? Dann handelt es sich ebenfalls um Werbung, und es folgt daraus eine Kennzeichnungspflicht.

V. Nützliche Links und Paragraphen

- FAQs der Medienanstalten zur Werbekennzeichnung in Social Media[26] § 5a UWG
- https://www.wuv.de/marketing/influencer_vertraege_das_sollte_unbedingt_drinstehen
- http://www.online-marketing-recht.de/tag/influencer-marketing/
- § 6 Telemediengesetz
- § 58 Rundfunkstaatsvertrag

WAS MAN BEI CYBERMOBBING TUN KANN

I. Einführung

Schulhofhänseleien gab es schon immer. Nur dass heutzutage der Schulhof das ganze Internet sein kann und niemals Schulschluss ist.

Was ist Cybermobbing, wo tritt es auf, und was kann man dagegen tun?

II. Fall

Der jugendliche Mike kommt nach einem Wohnortwechsel seiner Familie in den bereits bestehenden Klassenverband einer Schule in der neuen Stadt. Er ist in der Eingewöhnungsphase eher zurückhaltend und wird deshalb von den Meinungsführern der Klasse rasch als Opfer von Hohn und Spott ausgemacht. Fortan wird er im Klassen-Chat auf WhatsApp immer als »Loser« und »Spasti« bezeichnet. Auf Facebook taucht eine eigens erstellte Seite (»Goodbye Loser Mike«) auf, wo heimlich von ihm im Unterricht und auf dem Schulweg aufgenommene Fotos gepostet werden, verbunden mit Vorschlägen, wie und warum Mike die Klasse wieder verlassen und sich doch am besten gleich selber umbringen soll.

III. Rechtliche Grundlagen

Unter Cybermobbing oder auch Cyber-Bullying (engl. bully = der Tyrann) versteht man das absichtliche öffentliche Bloßstellen Anderer durch anonym gehaltene Gerüchte, absichtliche Falschbehauptungen, Beschimpfungen und Beleidigungen in den sozialen Medien oder sonst wo im Internet. Opfer sind meist Kinder oder Jugendliche, Ziel ist oft deren Ausgrenzung und soziale Ächtung, häufig durch eine ganze Gruppe wie etwa einer Schulklasse, oft in so genannten Hass-Foren.

Für die Opfer ist dies der reine Psychostress. Viele wagen aus Angst oder dem Gefühl der Peinlichkeit oder Scham nicht, drüber zu Hause oder gegenüber unbeteiligten Freunden zu sprechen. Besonders perfide: Gerade im Schulalltag gehen Cybermobbing und reales Mobbing, das quasi live im Klassenzimmer und auf dem Pausenhof stattfindet, Hand in Hand. So besteht rund um die Uhr eine psychische Ausnahmesituation ohne reale Erholungsmöglichkeit.

Immer mehr Schulen haben diese Gefahr mittlerweile erkannt und bieten Aufklärungsstunden an. Dort erläutert der Schulpsychologe, welche Gefahren Cybermobbing birgt (ganz im Gegensatz zu »Pranks«, also harmlosen Scherzen und Schulstreichen) und wie sich Betroffene wehren können.

Wichtig ist dabei auch, Mobbing nicht zu verharmlosen (»Da lachen doch alle nur drüber.«, »Der ist ein Angeber, der zeigt ja selber Fotos von sich im Netz.«) und den Tätern klarzumachen, welche Auswirkungen ihre Eingriffe auf die Betroffenen haben können.

Nachfolgend soll aufgezeigt werden, welche rechtlichen Handlungsmöglichkeiten bestehen.

1. Zivilrechtliche Optionen

Wenn der oder die Täter anonym in frei zugänglichen Webforen agieren, etwa bei Facebook, dann können Sie nach den dafür geltenden Regeln den jeweiligen Betreiber dazu auffordern, den Beitrag zu entfernen.

Mittlerweile reagieren die meisten Betreiber umgehend, da sie aufgrund zahlreicher Gerichtsurteile sonst fürchten müssen, als Mitverursacher selber auf Unterlassung zu haften.

Wenn der Betreiber nicht reagiert, sollten Sie einen Anwalt einschalten. Oft genügt bereits die Drohung durch den Experten, allerdings werden Sie die Kosten (in der Regel mehrere Hundert Euro) selber bezahlen müssen. Der Täter ist meist nicht zu ermitteln, die Plattform hat ja rechtlich nichts falsch gemacht.

Vorsicht vor falschen oder nicht nachweisbaren Verdächtigungen – aber falls Sie wissen, wer der Cybermobber ist, können und sollten Sie gegen diese Person vorgehen. Bei Jugendlichen sollten Sie dies im Namen ihres Kindes unternehmen, idealerweise ebenfalls gegenüber den Eltern des Verursachers.

Zuerst können Sie versuchen, den Täter direkt anzusprechen oder anzuschreiben, also zu identifizieren und aus dem Versteck der Anonymität zu holen. Er (oder sie) sollte informiert werden, dass man ihm auf die Schliche gekommen ist, und aufgefordert werden, sein Verhalten zu ändern und weiteres Mobbing zu unterlassen. Man sollte ihm eine Frist setzen, innerhalb derer die Äußerungen zu löschen sind und sämtliches Mobbing zu beenden ist.

Wenn das nichts hilft, sollten Sie einen Anwalt einschalten, der ebenfalls unter Fristsetzung zur Unterlassung auffordert. Der rechtliche Anspruch resultiert aus dem allgemeinen Persönlichkeitsrecht, welches nicht erlaubt, dass über jemand anderen unwahre oder beleidigende Äußerungen im Umlauf sind. Eine wirksame Unterlassungserklärung enthält stets das schriftliche, rechtsverbindliche Versprechen, das rechtswidrige Verhalten zu unterlassen. Ansonsten wird eine Vertragsstrafe sofort fällig.

Ebenfalls verboten ist die Verwendung von Fotos, deren Veröffentlichung der Betroffene nicht zugestimmt hat, so bleibt das allgemeine Persönlichkeitsrecht geschützt.

Wer durch sein Mobbing-Verhalten einen Anwaltsbrief erforderlich gemacht hat, muss die Anwaltskosten von mehreren Hundert Euro tragen. Bei Jugendlichen sind das deren Eltern, es sei denn, sie können nachweisen, ihr Kind explizit vor solchem Verhalten gewarnt und durch an sich geeignete, aber in diesem Fall ausnahmsweise erfolglose Maßnahmen davon abgehalten zu haben.

Wenn auch eine Anwaltsabmahnung nicht ausreicht, bleibt Ihnen nur noch der Weg vor Gericht, um den Unterlassungsanspruch durchzusetzen. Im Erfolgsfall verurteilt das Gericht den Täter des Mobbings, das Verhalten zu unterlassen, welches nachweisbar von ihm verursacht und in der Abmahnung mitgeteilt wurde.

Im Fall der »Eilbedürftigkeit«, etwa weil das Opfer unter den Mobbing-Handlungen sehr leidet und deren Fortsetzung zu befürchten ist, kann das gerichtliche Vorgehen im einstweiligen Verfügungsverfahren erfolgen. Dort wird aus Zeitgründen nur der Antragsteller mit seinen schriftlich vorgetragenen Argumenten gehört und nach Aktenlage vorläufig (»einstweilen«) entschieden. Dagegen kann der Prozessgegner Widerspruch einlegen, muss dann aber seine Gegenargumente glaubhaft machen.

Hält sich der Rechtsverletzer nicht an das gerichtliche Unterlassungsgebot, kann er (oder im Fall der Minderjährigkeit dessen Eltern) zu einem empfindlichen Ordnungsgeld zulasten der Staatskasse verurteilt werden. Wer sich auch so nicht dazu bringen lässt, sich rechtskonform zu verhalten, dem droht – obwohl wir uns im Zivil- und nicht im Strafverfahren befinden – sogar Ordnungshaft, also Gefängnis, so lange, bis das rechtswidrige Verhalten endet.

2. Strafrechtliche Optionen

Wenn trotz aller Bemühungen die Mittel des Zivilrechts nicht ausreichen, um die Belästigungen zu stoppen, kommt als weitere, einschneidende Sanktion auch ein strafrechtliches Vorgehen in Betracht. Hierzu sollten Sie Strafanzeige beim nächsten Polizeirevier erstatten. Dies ist mittlerweile in vielen Bundesländern online möglich.

Cybermobbing ist keine eigene Straftat. Es wird bereits nach einer Vielzahl von allgemeinen Strafgesetzen verfolgt, von denen nachfolgend nur das erste, § 238 Strafgesetzbuch/Nachstellung, näher aufgeführt ist, weil es eher unbekannt und in Fällen des Cybermobbings besonders einschlägig ist:

Wer einem Menschen unbefugt nachstellt, indem er beharrlich

- seine räumliche Nähe aufsucht,
- unter Verwendung von Telekommunikationsmitteln oder sonstigen Mitteln der Kommunikation oder über Dritte Kontakt zu ihm herzustellen versucht,
- unter missbräuchlicher Verwendung von dessen personenbezogenen Daten Bestellungen von Waren oder Dienstleistungen für ihn aufgibt oder Dritte veranlasst, mit diesem Kontakt aufzunehmen,
- ihn mit der Verletzung von Leben, körperlicher Unversehrtheit, Gesundheit oder Freiheit seiner selbst oder einer ihm nahestehenden Person bedroht oder
- eine andere vergleichbare Handlung vornimmt und dadurch seine Lebensgestaltung schwerwiegend beeinträchtigt, wird mit Freiheitsstrafe bis zu drei Jahren oder mit Geldstrafe bestraft.

IV. Checkliste

✓ Proaktive Aufklärung. Sie als Eltern sollten Ihre Kinder frühzeitig, also dann, wenn sie ins »smartphone-fähigen« Alter kommen, über die Gefahren aufklären, die bei Versand und Empfang von Mitteilungen und Bildern im Netz lauern.

✓ Empfehlung zur Zurückhaltung. Sie als Eltern sollten Ihren Kindern klarmachen, dass bei der Verwendung von persönlichen Fotos und Mitteilungen Vorsicht geboten ist.

✓ Unterstützung. Ihr Kind sollte wissen, dass es sich dann, wenn es sich von anderen Kindern gemobbt fühlt, vertrauensvoll an Sie wenden kann.

✓ Vorfälle dokumentieren. Screenshots machen, die Plattformen und ggf. die Eltern der Mobber informieren. Bei WhatsApp, Instagram, YouTube und anderen Netzwerken können Sie Mobbing-Posts melden und Mobber blockieren. Bei begründeten Anlässen können Sie auch die Mailadresse erfragen.

V. Nützliche Links und Paragraphen

- http://www.cybermobbing-hilfe.de/
- http://www.polizei-beratung.de/themen-und-tipps/gefahren-im-internet/cybermobbing/
- http://www.buendnis-gegen-cybermobbing.de/index.php?id=91
- § 185 StGB (Beleidigung)
- § 186 StGB (Üble Nachrede)
- § 187 StGB (Verleumdung)
- § 201 StGB (Verletzung der Vertraulichkeit des Wortes)
- § 201a StGB (Verletzung des höchstpersönlichen Lebensbereichs durch Bildaufnahmen)
- § 238 StGB (Nachstellung)
- § 240 StGB (Nötigung)
- § 241 StGB (Bedrohung)
- § 22 KunstUrhG (Recht am eigenen Bild)

REGISTER

A
Abmahnanwalt 29
Abmahnung 189
– außergerichtliche 187
– Kostentragungspflicht für 196
– Schadensersatzkosten und 190
Abofalle 129-138
– AGB und 134
– außerordentliche Kündigung und 135
– Kündigung und 133
– Links und Paragraphen 138
– unberechtigte Zahlungsaufforderung und 136
– Widerrufsrecht und 130, 135
Augmented Reality 58
Auskunft, Anspruch auf 35, 38
Auskunftsgesuch 39

B
Begriff, schutzfähiger 91
Bereicherung, ungerechtfertigte 153
Bewertung 42, 43
– Abwehrrecht und 50
– Ärzte 43, 44
– Hotel 45-47
– Lehrer 44, 45
– Persönlichkeitsrecht und 44, 48, 49
– unzutreffende 49
– Werturteil und 50
Bewertungsportal 42–55
– Links und Paragraphen 55, 56
– Persönlichkeitsverletzung und 51
– Prüfpflicht des 49-53
Binge Watching 176
Blog 111, 112
Bundesdatenschutzgesetz 23, 24

C
Checkliste
– Abofalle 137, 138
– Bewertungsportale 54, 55
– Creative-Commons-Lizenz 108, 109
– Cybermobbing 215
– Datenschutz 25, 26
– Datenverarbeitung 40, 41
– Drohnenflüge 173
– eBay-Schnäppchenjäger 146, 147
– fremde Texte 95, 96
– Homepage 115, 116
– Influencer 206, 207
– Minderjährige im Internet 153, 154
– PayPal 160, 161
– Persönlichkeitsrecht 16, 17
– Post vom Anwalt 190, 191
– Powershopping 126, 127
– Spielen im öffentlichen Raum 65
– Streaming, Downloads 184
– Tweet 101, 102
– Umgang mit Hate-Speech 85, 86
– WLAN 198, 199
Copyright-Vermerk 105
Creative-Commons-Lizenz 103–109
– Links und Paragraphen 109
– Lizenzmodelle für 106
– Standard-Lizenzverträge 105
Cyber-Bullying 209
Cybermobbing 208-215

– Anwaltsabmahnung und 211
– einstweilige Verfügung und 211, 212
– gerichtliches Unterlassungsgebot 212
– Links und Paragraphen 215
– Mobbing und 209
– Pranks und 209
– Strafgesetze und 212, 213
– Unterlassung und 210, 211
– Unterlassungserklärung und 211

D

Daten, personenbezogene 19, 22–25, 29
Daten, sensible personenbezogene 30, 31
Datenerhebung, Vertraulichkeit der 35
Datenminimierung 34
Datenpreisgabe 20
Datenschutz 10-86
– Bundesbeauftragter für 29
– Links und Paragraphen 26
Datenschutzbeauftragter 35
Datenschutzbehörde 60
Datenschutzerklärung, AGB und 60
Datenschutzrecht, europäisches 22, 24, 25
Datensparsamkeit 23, 34
Datenverarbeitung 31
– Einwilligung zur 39
– Integrität bei 35
– Links und Paragraphen 41
– personenbezogener Daten 31–35
– Rechenschaftspflicht bei 35
– Rechtmäßigkeit der 34
– Richtigkeit der 34
– Speicherbegrenzung und 34
– Vertraulichkeit der 35
– Zweck der 34
– Zweckbindung der 34, 36
Datenvermeidung 23
Datenverwendung 32
Double-Opt-in-Verfahren 37
Download 175–183
– Links und Paragraphen 184
– von Filmen 176
Drohne 165, 167
– Aufstiegserlaubnis für 168
– Besitzstörung durch 171
– Betrieb der 168, 169
– Hausfriedensbruch durch 172
– Links und Paragraphen 174
– Luftaufnahme durch 171
– Luftverkehrsordnung und 167
– Panoramafreiheit und 171
– Personenluftverkehr und 172
– Persönlichkeitsrechtsverletzung durch 170
– Privathaftpflichtversicherung und 172
– Rechtsverstöße und 170
– Vertraulichkeit des Wortes und 172
Drohnenflüge 165–174
Drohnen-Führerschein 168
Drohnenverordnung 167, 170

E

eBay-Schnäppchenjäger 139–147
– Abbruchjäger 139, 141, 142, 145
– Geschäftswillen und 144
– Links und Paragraphen 147
– Preistreiber 139, 141–143, 145
– Sittenwidrigkeit und 145
– Willenserklärung und 143, 144
E-Commerce 156
E-Geld-Geschäft 159
Einwilligungserklärung 32, 33, 36
EU-Datenschutz-Grundverordnung (DSGVO) 25, 28
EU-US Privacy Shield 24, 25

F

Facebook 20, 68, 69
– Gemeinschaftsstandards bei 73, 81, 82
– Hassbotschaften und 78, 79
– Nutzungsbedingungen 73–82
– personenbezogene Daten und 25
Fernsehen, lineares 175
File-Hosting 177

Follower 89
Foto, Nutzungsrecht für 104
Framing 107, 108

H
Hass-Foren 209
Hass-Kommentare 72
Hasskriminalität, im Internet 80
Hate-Speech 67–86
– Definition 80
– Links und Paragraphen 86
Homepage 110-116
– Cookie-Hinweis und 114, 115
– Datenschutzerklärung und 110
– Impressum 110, 113
– Links und Paragraphen 116
– Markenrecht und 110, 111
– unlauterer Wettbewerb und 111
– Widerrufsbelehrung und 110, 113
– Widerspruchsrecht und 113

I
Individualität, schöpferische 93
Influencer 200-207
– Kennzeichnungs-Verhalten des 203–205
– Links und Paragraphen 207
Influencer-Marketing 202
Informationsinflation 20
Instagram 20
Internet 103
– Minderjährige im 148–155
Internet-Fernsehen 175
Internetseite, YouTube-Video und 107, 108

K
Kamera-Drohne 168
Kind, geschäftsfähiges 150
kino.to 177–179
kinox.to 179, 181
– Urheberrechtsverletzung und 180
Kopie, illegale 179

L
Lizenzgebühr 105
– fiktive 15
Lizenzvertrag 15
Lösch-Beantragungs-Tool 12
Löschung, Anspruch auf 14, 31

M
Markenrecht 87-118
Marktortprinzip 28
Marktwert 16
Meinungsfreiheit 51, 53, 70, 81
Minderjährige, Links und Paragraphen 66, 154, 155
Minderjährige, Rechtsgeschäft mit 152
Minderjährige, wirksamer Vertrag mit 151

N
Nachrede, üble 70
Netzwerk 20
– soziales 20, 25, 68
Netzwerkdurchsetzungsgesetz 69, 80
Newsletter 36, 37
Notice and take down-Meldung 178
Nutzungsbefugnisse 20
Nutzungserlaubnis, Lizenzgebühr und 94

O
Ordnung, öffentliche 61

P
PayPal 157–160
PayPal-Gebühren 160
PayPal-Guthaben, Einlagensicherung des 159
Peer-to-Peer(P2P)-Netzwerke 181
Person, geschäftsunfähige 150
Person, identifizierbare natürliche 29, 30

Persönlichkeitsrecht 9–86
– allgemeines 11
– informelle Selbstbestimmung und 64
– Links und Paragraphen 18
Pokémon Go 57–66
Pokémon-Jäger 59–62
– Links und Paragraphen 66
– informelle Selbstbestimmung des 64
– öffentliche Ordnung und 62
– öffentliche Sicherheit und 62
– zivilrechtliche Haftungsprobleme des 63
Portalbetreiber, unzutreffende Bewertung und 48, 49
Powershopping 119–128
– Account-Sperrung und 126
– Links und Paragraphen 127, 128
– Rücksendekosten beim 124
– Rückgaberecht und 125
– Wertverlust und 125
– Widerrufsrecht und 119–128

R
Rechtsverfolgungskosten 181
Re-Tweet 100

S
Safe-Harbor-Abkommen 22, 24
Schmähkritik 50, 51
Schmerzensgeld 13-15, 17
– Persönlichkeitsrecht und 38
Schöpfungshöhe 92, 98
– urheberrechtlicher Schutz und 99
Secure Payment 156–161
– Links und Paragraphen 161
Share-Hosting 177
Sicherheit, öffentliche 61
Snowden, Edward 24
Sperrung, sensible Daten und 31
Sprachschöpfung, schutzfähige 92
Störer 12
Störerhaftung 194–196
Streaming 175–183
– Abmahnungen und 181
– Links und Paragraphen 184
– Zwischenspeicher-Kopien bei 180
Streaming-Portale, kostenlose 177

T
Tauschbörse 182
– Anwaltskanzleien und 182
– illegale 181
Tauschbörsensoftware 181
Text, fremder 89–96
– Links und Paragraphen 96
Text, urheberrechtsfreier 95
Tweet 97–102
– Schutzfähigkeit des 100
– Links und Paragraphen 102
Twitter 20, 68, 69, 97, 98, 100
– Gemeinschaftsstandards bei 84
– Nutzungsbedingungen 82-85, 101

U
Unterlassungsanspruch 12
Unterlassungserklärung, modifizierte 188
Unterlassungs-Verpflichtungserklärung 186–188
Urhebernutzungsrecht 90
Urheberrecht 71, 87–116
– Tweet und 98
Urheberrechtsgesetz 90
– Tweet und 99
Urheberrechtsregister 90
Urheberrechtsschutz 91, 99
– für kurze Wortfolgen 93
– Gestaltungshöhe und 100, 101
– Schadensersatzzahlungen und 91
– Schöpfungshöhe und 99
– von Werbeslogans 99

V

Verbraucherschutzorganisation 29
Verbraucherschutzzentrale 60
Verfügung, einstweilige 189
Vergessen, Recht auf 39
Verleumdung 70
Veröffentlichung 13
– unerlaubte 12
– unliebsame 11
– Unterlassung der 13
Virtual Private Network (VPN) 183
Volksverhetzung 70
VPN-Software 183

W

Website, eigene siehe Homepage
Website-Betreiber, einbettende Links und 107
Werbebotschaft, Kaufempfehlung und 21
Werbeeinwilligung 37
Werbemail 36, 37
– Widerrufsrecht und 40
Willensbestimmung 150
Willenserklärung, freie 150
Willenserklärung, Minderjährige und 151
WLAN 193–199
– Abmahnung und 195
– Links und Paragraphen 199
– Mitstörungshandlung und 194
– passwortfreies 194, 195
– Urheberrechtsverletzung und 196
WLAN-Hotspot 197

Z

Zitat 94
– Quellenangabe des 94
– Quellenverzeichnis und 95
Zitatrecht 94
Zitatseiten-Betreiber 90
Zustandsstörer 62

ENDNOTEN

1 Urt. v. 14.3.2017, VI ZR 721/15; http://shopbetreiber-blog.de/2017/04/24/bgh-einwilligung-in-e-mail-werbung-muss-produkte-vorab-klar-benennen/
2 Urteil vom 1. März 2016 VI ZR 34/15, ZD 2016,281.
3 §§ 185-187 StGB
4 § 130 Abs. 1 StGB
5 https://www.facebook.com/communitystandards#direct-threats
6 https://www.facebook.com/communitystandards#direct-threats
7 https://www.avclub.com/twitter-releases-statement-confirming-itll-never-ban-do-1818766712
8 http://www.spiegel.de/politik/ausland/facebook-mark-zuckerberg-wehrt-sich-gegen-kritik-von-donald-trump-a-1170261.html
9 https://www.facebook.com/help/399224883474207
10 https://support.twitter.com/articles/87137#
11 hierzu www.derwesten.de/leben/digital/mit-klage-gedroht-facebook-bringt-zensierten-post-zurueck-id210732251.html
12 GRUR 1971, 368, 370
13 Urteil vom 1.11.2011 – Aktenzeichen 11 U 75/06
14 NJOZ 2011, 1062, 1063
15 ZUM 2010, 911, 912
16 OLG Köln, Urteil vom 8.4.2016, 6 U 120/15
17 http://www.justiz.nrw.de/nrwe/lgs/bielefeld/lg_bielefeld/j2017/4_O_144_16_Beschluss_20170103.html
18 https://support.twitter.com/articles/104996?lang=de
19 https://de.creativecommons.org/index.php/was-ist-cc/
20 EuGH C-348/13 Beschluss vom 21. Oktober 2014
21 https://www.teltarif.de/amazon-konto-sperrung-insider-packt-aus/news/63803.html
22 Süddeutsche Zeitung, 28.08.2017
23 http://www.faz.net/aktuell/feuilleton/medien/spielfilme-im-internet-der-traum-von-der-globalen-videothek-1655645.html
24 Az. C-484/14
25 https://www.die-medienanstalten.de/service/glossar/ausdruck/influencer-marketing/
26 https://www.die-medienanstalten.de/fileadmin/user_upload/die_medienanstalten/Themen/Werbeaufsicht/FAQ-Flyer_Kennzeichnung_Werbung_Social_Media.pdf